日本の地理がバッチリわかる！

たたかえ！

47都道府県ヒーローズ

筑波大学附属中学校元副校長
山口 正監修

JN037547

日本には47の
都道府県がある。

それぞれの都道府県には
海や川、山や森などの
美しい自然だったり、
近代的な都市や
歴史ある町並みだったり、
おいしい食べ物だったり、
いろいろなとくちょうが
あるよ。

あれ？
上の日本地図をよーく見て？
それぞれの都道府県の中に
だれかがいるよ。
彼らは──

朝日新聞出版

47都道府県ヒーローズ！

それぞれの都道府県を代表するヒーローたちだ。

47人のヒーローたちは日本を見守る
女神ヒノモトサクラのもとに集まって、
日本一のヒーローにあたえられる
「県超人」の称号を目指してバトルをするんだ！

ヒノモトサクラ

キミが住んでいる都道府県のヒーローは
どれかな？　さあ、本を読んでみよう！

この本の見方

※しょうかいしているヒーローは、都道府県の形になっているよ！

それぞれの都道府県のヒーロー。絵を見ると、その都道府県のとくちょうが一目でわかるよ！

ヒーローたちが、その都道府県の有名なものをしょうかいしてくれるよ。自分が住んでいる都道府県にくわしくなれるんだ！

世のマークは世界遺産だよ。

おもな山地や平野、川、湖などの名前だよ。

※ヒーローの装備は、説明にあるほかにも、その都道府県ゆかりのものがかくれていることがあるよ！

その都道府県の代表的な日本一のものをしょうかいしているよ。

ヒーローのひみつを大公開！　ここを読むと、ヒーローのことだけでなく自分の住んでいる都道府県がもっと好きになるかも。

その都道府県の県庁所在地だよ。

47都道府県ヒーローバトル!!

ヒーローたちが自分の都道府県の自慢のものでバトルするよ。どのヒーローがどんな名物でバトルをするのかな？

たたかえ！47都道府県ヒーローズ もくじ

47都道府県ヒーローバトル‼

日本一のヒーローを
さがしてみよう！

北海道・東北地方

北海道

青森県

秋田県　岩手県

山形県　宮城県

福島県

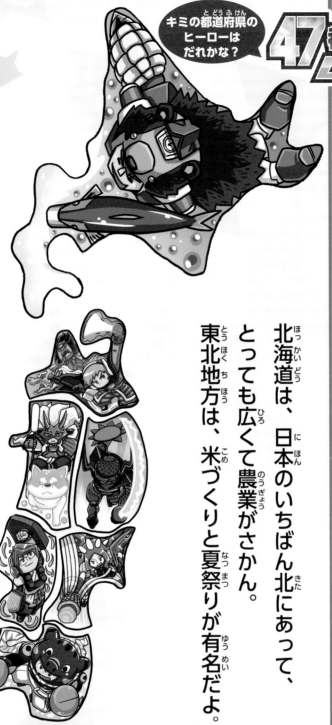

北海道は、日本のいちばん北にあって、とっても広くて農業がさかん。

東北地方は、米づくりと夏祭りが有名だよ。

5

北海道

みんな、大きな志を持とうぜ！

でかい体が最大の武器のパワフル戦士

時計台＆ヒグマ形のかぶととよろい

ジャガイモ形のこん棒

トウモロコシ形ドリル

五稜郭形の胸当て

キタノ
ダイチ

北海道の広大な大地のように、心も体も夢も大きいぞ。

たくさんのヒーローが遊びにくるんだ。

カニ

サケ形の大砲

石狩平野

石狩川

札幌市

支笏湖

札幌市のシンボルだ！

時計台

洞爺湖

📖 キタノダイチのヒミツ

　すきな食べ物　ジンギスカン。地元でとれた野菜もたくさん入れてBBQ（バーベキュー）するんだって！

　趣味　冬にオホーツク海に流れ着く流氷の上を飛び回ること。

　得意技　モロコシドリル（トウモロコシ形のドリルで、相手を一撃するよ）

　**友だちとライバルは？**　2016年に北海道新幹線が開通してから、東京都のシュト・トキオとものすごく仲良くなったんだって。

渡島半島

五稜郭

上から見ると星の形をしている！

津軽海峡

キタノダイチの北海道しょうかい

広さは都道府県ナンバーワン。なんでもスケールがでっかいぞ！　ジャガイモ、小麦、牛乳……いろんな食料品の生産もナンバーワンばかりさ。

全国でとれる
ほとんどが
北海道産だ！

ホタテ

野生の
ヒグマやシカに
出合えるぞ。

知床

サケ

北見市でたくさん
つくっているぞ。

タマネギ

屈斜路湖

石狩山地

乳牛

牛を飼育
している数も
日本一だ！

トウモロコシ

ジャガイモ

カボチャ

十勝平野

十勝川

日高山脈

ホクホクの
男爵イモのほか、
いろんな種類を
つくってるぜ！

コンブ

北海道なんでも日本一

★★★
広さ日本一！※1

★★★
農業産出額
日本一！※2

★★★
サケ・マス類の
漁獲量
日本一！※3

※1 国土交通省国土地理院「全国都道府県市区町村別面積調」及び国勢調査から　※2 2018年 農林水産省「生産農業所得統計」から
※3 2018年 農林水産省「漁業・養殖業生産統計」から

青森県
（あおもりけん）

ニンニクパワーで静かにとうしを燃やす三味線スター

ジョンガラスター

口数が少なく
ひかえめだけど、
ここぞというときは
ビシッと決める！
名産のニンニクが
パワーの源。

青森だけど、
好きな色は
リンゴの
赤だ…。

ねぶた形のオーラ

強い風がふき、風力発電がさかんだ。

風力発電（ふうりょくはつでん）

ニンニク形の耳当て（みみあて）

津軽三味線（つがるしゃみせん）

桜の花びら形のプロテクター（さくらのはながた）

テンポが速くてカッコイイぞ。

津軽三味線（つがるしゃみせん）

リンゴ

日本のリンゴの半分をつくっている。

岩木山（いわきさん）

ジョンガラスターのヒミツ

すきな食べ物
せんべい汁。南部せんべいを割っておつゆやなべに入れたもの。冬に食べるとほっとするって。

得意技（とくいわざ）
ニンニクボンバー（ニンニクの強烈なにおいで相手のやる気をなくさせるぞ！）

趣味（しゅみ）
超高速で津軽三味線をひくこと。ものすごいテクニックなんだ。

友だちとライバルは？
高知県のハリマヤカツオが青森県に来たら、いっしょにマグロの一本釣りをする仲なんだって。

ジョンガラスターの青森県しょうかい

本州で一番北にあって雪がたくさんふるんだ……。
寒い気候をいかしたリンゴのさいばいが
さかんで、魚やイカもたくさ
んとれる……。

下北半島

恐山

マグロ

死者の思いを
伝えるという
イタコがいる。

津軽半島

日本のサルが
すむ北の
限界がココ！

北限のサル

三湖

ホタテ

ねぶた祭

夏泊半島

津軽平野

縄文時代の
集落が
あった場所だ。

青森市

小川原湖

岩木川

ねぶた祭

派手で巨大な
張り子は
迫力満点だ。

奥入瀬川

▲八甲田山

三内丸山遺跡

弘前城

桜の名所
のお城。

十和田湖

ニンニク

青森県なんでも日本一

★★★
リンゴの
収穫量
日本一！ ※1

★★★
風力発電
総設備容量
日本一！ ※2

※1 2018年 農林水産省「作物統計」から　※2 国立研究開発法人新エネルギー・産業技術総合開発機構「風力発電導入量」(2018年3月末現在) から

岩手県
(いわてけん)

鉄のよろいを着た 鉄壁のディフェンダー

テッキリアス

南部鉄器のかぶと

リアス式海岸形の剣

奥羽山脈

金色堂をイメージしたよろい

しんぼう強くて
冷静なヒーロー。
寒さがきびしい冬は、
室内にこもって
筋力トレーニングに
はげむんだ。

わんこの
おかわり、
いるか？

カッパの皿形のたて

中尊寺金色堂

何もかも金ぴかに
かがやいてるぞ。

テッキリアスのヒミツ

すきな食べ物
盛岡冷麺。夏は毎日、コレと麦茶がお昼ご飯だって！

得意技
カッパー手裏剣（カッパの皿形のたてを相手に投げつける！）

趣味
妖怪探し。カッパは絶対にいると信じていて、休みの日にはカッパ探しをしているよ。

友だちとライバルは？
同じく海女がたくさんいる三重県のニンニンシノブとは、海の幸自慢をし合っている。鳥取県のサッキュンとは妖怪の話でもり上がるらしい。

テッキリアスの岩手県しょうかい

北海道の次に大きくて、本州ではいちばん大きい県だ。リアス式海岸が有名で、ウニ、アワビ、カキなどの海産物もたくさんとれるのだ。

小分けにしたそばを次々に食べるのだ。

わんこそば

北上高地

コシのあるめんと、からさがうまいぞ！

盛岡市

盛岡冷麺

北上川

北上盆地

遠野市は妖怪の里として有名なのだ！

遠野

ずっしり重くてがんじょうだ。

南部鉄器

ウニ

アワビ

ワカメ

三陸海岸ではワカメを育てているぞ。

三陸海岸

リアス式海岸

おだやかな海でカキやコンブなどを育てている。

カキ

岩手県なんでも日本一

★★★
アワビ類の漁獲量
日本一！ ※1

★★★
ワカメを買う金額
日本一！ ※2

宮城県

伊達政宗にあこがれる グルメ戦士

マサムーン

おいしいものが大好きな戦士。地元の英雄・伊達政宗のように料理が上手になりたいと思っている。

> フカヒレはサメのヒレだと知っていますか？

笹かまぼこ形のヘッドギア

七夕祭りのまとい形のやり

フカヒレ形ブーメラン

伊達政宗のようなごうかな羽織

蔵王山

マサムーンのヒミツ

すきな食べ物
ずんだもち。枝豆をすりつぶした緑色のあんが好きで、毎日食べるらしい。

趣味
天体観そく。仙台七夕祭りの日には必ずおりひめ星とひこ星をながめるんだ。

得意技
シャークブーメラン（フカヒレ形のブーメランを相手に投げつける！）

友だちとライバルは？
広島県のカープ・ザ・レッドとは、県民の数、カキの産地、日本三景と、共通点がたくさんあって、良きライバルとみとめ合っているんだよ。

マサムーンの宮城県しょうかい

東北の政治・経済・文化の中心。コメ、牛肉、サンマをはじめとした海の幸など、グルメな食材がたくさんとれるのですよ。

カジキ

サメ

鳴子温泉の名物ですよ。

鳴子こけし

奥羽山脈

毎年200万人がおとずれるお祭りです。

仙台七夕まつり

北上川

三陸海岸

フカヒレをつくる量も日本一！

有名な仙台グルメです。

有名なコメの名前は「ひとめぼれ」……ステキです。

コメ

サンマ

江戸時代の仙台藩の初代藩主です。

仙台牛

牡鹿半島

●仙台市

仙台湾

伊達政宗

ずんだもち

ずんだとは枝豆をすりつぶしてつくるあんのことです。

笹かまぼこ

阿武隈川

カキ

宮城県なんでも日本一

★★★ サメ類の漁獲量 日本一！※1	★★★ カジキ類の漁獲量 日本一！※1

※1 2018年 農林水産省「漁業・養殖業生産統計」から

13

秋田県

なまはげの面をつけた
なぞめいた剣士

カメン
ブレイド

なまはげを
イメージした
仮面で顔を
かくしているぞ。
仮面をとると
戦闘能力が
とても上がるんだ。

秋田犬形のオーラ

なまはげのイメージの仮面

悪い子を探して
なまはげが
家々を回るんだ。

なまはげ

男鹿半島

ハタハタ

イネ形の首かざり

なまはげの
面が外れたとき
は、ようしゃ
しない！

きりたんぽ形の剣

秋田スギの肩当て

カメンブレイドのヒミツ

 すきな食べ物 稲庭うどん。細くてなめらかなコシがたまらないんだって。横手やきそばも好きらしい。

 得意技 きりたんぽブレード（きりたんぽ形の剣を相手にたたきつけるんだ）

 趣味 ねること。秋田県は平均すいみん時間が日本一なんだ。

 友だちとライバルは？ 高知県のハリマヤカツオとは、秋田犬と土佐闘犬をかわいがる犬仲間だよ。

カメンブレイドの秋田県しょうかい

米どころのご当地グルメは、コメを使ったきりたんぽ！「悪い子はいねがー」と言って子どもを追い回す伝統行事「なまはげ」も有名さ。

ブナの原生林が残る世界遺産さ。

世

白神山地

白神山地

十和田湖

秋田スギ

城をつくるときにも使われたんだよ。

渋谷駅の忠犬ハチ公像で有名。

ご飯を棒に巻いて焼くとウマイ！

能代平野

秋田犬

きりたんぽ

八郎潟

コメ

つくっている量は日本で第3位だ。

田沢湖

田沢湖

深さ日本一の湖なんだ。

秋田市

奥羽山脈

秋田平野

出羽山地

かまくらの中って、意外とあったかいんだよ！

横手盆地

雄物川

かまくら

秋田県なんでも日本一

★★★
10歳の男女の背の高さ
日本一！ ※1

★★★
湖の深さ
日本一！
(田沢湖) ※2

山形県

やま がた けん

修行できたえた 鋼メンタルの知将

しゅぎょう はがね ちしょう

キミの動きは、7手先まで読めている。

うご てさき よ

ショウギンガー

修行と将棋が大好きな頭のいい戦士。

しゅぎょう しょうぎ だいす あたま せんし

いつもまじめだから、

たまにギャグを言っても誰も気づかないぞ。

い だれ き

山伏の服のようなよろい

やまぶし ふく

サクランボ形の耳当て

がた みみあ

里イモ、牛肉、ネギなどをにこむ地元の料理。

さと ぎゅうにく じもと りょうり

芋煮

いも に

天童でつくった将棋のコマ形のたて

てんどう しょうぎ がた

ベニバナ形のつえ

がた

ショウギンガーのヒミツ

すきな食べ物 冷やしラーメン。夏の暑い日は毎日食べているよ。

ひ なつ あつ まいにち た

得意技 ベニバナアタック（ベニバナの花びらをかたどったやりで敵の動きをふうじる）

とくいわざ はな てき うご

趣味 将棋。とても強い棋士の羽生善治さんを尊敬しているよ。

しゅみ しょうぎ つよ きし はぶ よしはる そんけい

友だちとライバルは？ 宮城県のマサムーンとは、両県にまたがる蔵王山という山々で、夏は山登り、冬はスキーをして遊ぶ親友。滋賀県のビワコングとは滝行をいっしょにする修行仲間。

とも みやぎけん りょうけん ざおうざん やまやま なつ やまのぼ ふゆ あそ しんゆう しが けん たきぎょう しゅぎょうなかま

ショウギンガーの山形県しょうかい

山がたくさんある県だけど、開けた平地も多くてコメをたくさんつくっているぞ。サクランボや西洋ナシなどのフルーツも有名だ。

「はえぬき」「つや姫」が有名だ！

コメ

庄内平野

最上川

今も修行をする山伏がいるんだ。

出羽三山

佐藤錦は「サクランボの女王」だ。

サクランボ

全国のコマの9割をつくっている。

将棋のコマ

王将

ベニバナをつけた笠を持っておどるぞ。

花笠まつり

山形盆地

山形市

蔵王山

西洋ナシは「くだものの女王」とよばれている。

西洋ナシ

染料として使われている。

ベニバナ

米沢盆地

米沢牛

山形県なんでも日本一

★★★
サクランボの収穫量
日本一！※1

★★★
将棋のコマの生産額
日本一！※2

★★★
ラーメン屋さんで使う金額
日本一！※3

※1 2018年 農林水産省「作物統計」から　※2 2007年 天童市「工業統計」から　※3 2016〜2018年平均 総務省「家計調査」2人以上世帯、山形市から

福島県
（ふく　しま　けん）

フルーツのように あまくてキュートな弟分

ベコッポ

仲間とのきずなを
大切にする
「みんなの弟分」。
福島産のフルーツを
使ったスイーツづくりが
得意。

ボクの フルーツが、 一番あまい ヨ☆

あかべこ形のよろいとかぶと

白虎をイメージしたマフラー

越後山脈（えちごさんみゃく）

モモ形の小手（こて）

✏ ベコッポのヒミツ

すきな食べ物
喜多方ラーメン。つゆまで飲みほして3杯おかわりするんだって。

得意技
果汁スプラッシュ（自慢のフルーツの果汁のおいしさで、相手の戦意をうしなわせる）

趣味
フルーツをたっぷり使ったスイーツづくり。東北のヒーローたちに試食してもらうんだ。

友だちとライバルは？
鹿児島県のサクラシマゾーと山口県のプレジデント・チョーシュー、高知県のハリマヤカツオの前に出ると落ち着かなくなるよ（戊辰戦争を調べてみよう）。

ベコッポの福島県しょうかい

日本で3番目に広い県だよ！ モモとかナシとか、
あま〜いフルーツをたくさんつくってるから
「東北のフルーツ王国」って言われてるんだ♪

「あかつき」が人気だよ！

太くてちぢれためんがとくちょう！

喜多方ラーメン

モモ

福島盆地

福島市

阿武隈川

ナシ

リンゴ

会津盆地

只見川

猪苗代湖

郡山盆地

阿武隈高地

鶴ケ城

キュウリ

大きい露天風呂があってフラダンスも見られるんだ。

天下の名城といわれているよ。幕末の白虎隊でも有名。

涼しい気候が栽培に合っているんだ。

赤べこ

「べこ」は東北地方の方言で牛のこと。

スパリゾートハワイアンズ

福島県なんでも日本一

★★★
モモに使う金額
日本一！ ※1

★★★
金属製流し台の
生産額
日本一！ ※2

キミはどのヒーローの勝ちだと思う?

バトル1 日本一の米どころはどこだ? 対決!

日本一の米どころは、**新潟県**で決まりさ! 何しろ米の収穫量は日本一。新潟がほこるブランド米のコシヒカリを食べてごらん。あまりのうまさにびっくりするぞ!

コメスキー **キタノダイチ**

北海道だって負けてないぞ! 今は収穫量第2位だけど、数年前までは日本一だったし、「ななつぼし」と「ゆめぴりか」、特Aのブランド米が二つもあるのだ。

米どころデータ

新潟県	収穫量：日本第1位(2018年)	特Aブランド米(2018年)コシヒカリ(上越、中越、魚沼産)
北海道	収穫量：日本第2位(2018年)	特Aブランド米(2018年)ななつぼし ゆめぴりか

収穫量日本第3位の秋田県もわすれるな。

カメンブレイド

バトル2 あま〜いフルーツ王国対決!

東北地方、いや、日本がほこるフルーツ王国は山形県だ。サクランボと西洋ナシの収穫量は、もんくなしに日本一。ブドウやモモだって、日本トップクラスなんだ。

ショウギンガー **ベコッポ**

ボクの福島県をわすれちゃだめだよ♪ 収穫量日本一のフルーツはないけど、福島のモモは有名だし、リンゴとかナシとか、いろんなフルーツをつくっているんだよ!

日本一のフルーツ王国はワシの山梨県じゃ! みんな大好きモモやブドウの収穫量はナンバーワン。わが県にくれば、観光農園で、いろいろなフルーツがりを楽しめるのだぞ。

タイガーカイ **メガホエール**

みんな大好きといったらミカンだろう。冬にこたつに入って食べるミカンは最高ではないか。オレの和歌山県はミカンの収穫量が日本一。フルーツ王国とよぶにふさわしいだろう。

ボクの愛媛県だってすごいよ。キウイフルーツの収穫量が日本一だってみんな知らなかったでしょ? ほかにもイヨカンなんかのかんきつ類をたくさんつくってるんだ。

タオルプリンス **アソバサシン**

冬のフルーツがミカンなら、夏のフルーツはスイカだ! オレの熊本県はスイカの収穫量日本一なのだ。巨大ミカンの晩白柚もある。夏のフルーツ王国に名乗りを上げるぞ。

収穫量データ(2018年)

山形県	福島県	山梨県	和歌山県	愛媛県	熊本県
サクランボ1位	モモ2位	モモ1位	ミカン1位	キウイフルーツ1位	スイカ1位
西洋ナシ1位	ナシ4位	ブドウ1位	カキ1位	イヨカン1位	晩白柚1位
モモ3位	リンゴ5位	スモモ1位	イヨカン2位	ミカン3位	メロン2位
ブドウ3位	西洋ナシ5位	サクランボ2位	キウイフルーツ3位		ミカン4位

メロンの収穫量第1位の茨城県もあるぞ!

ナットン

関東地方

関東地方は、首都の東京があって住んでいる人もいっぱいいる。政治や経済で日本の中心となっている地方だよ。

群馬県
栃木県
茨城県
埼玉県
東京都
千葉県
神奈川県

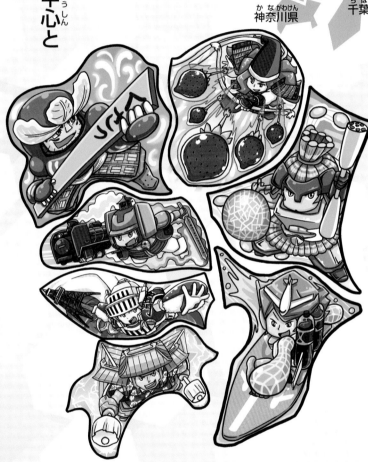

21

茨城県
いばらきけん

**農業できたえた
パワーは最強！**
のうぎょう　　　さいきょう

ナットン

ワルぶっているけど、
本当は仲間思いで
ほんとう　なかま　おも
やさしいんだ。
畑仕事で足腰を
はたけしごと　あしこし
きたえているぞ。

納豆のわらづつデザインのかぶと
なっとう

納豆のような
ねばりを
見せるぜ！
なっとう　み

筑波山デザインの肩当て
つくばさん　かたあ

メロン形のたて
がた

レンコン形の剣
がた　けん

ナットンのヒミツ

 **すきな
食べ物**
た　もの　納豆とメロン。とくに納豆は朝昼ばん３食
なっとう　　　　なっとう　あさひる　　しょく
毎日食べないと気がすまないらしいぞ。
まいにちた　　　き

 趣味
しゅみ　納豆をかき回すこと。ネバネバが強くなる
なっとう　　まわ　　　　　　　　　つよ
かき回し方を研究中だ。
まわ　かた　けんきゅうちゅう

 得意技
とくいわざ　納豆ネバネバ（納豆のようなねばり気を発
なっとう　　　なっとう　　　　　き　はっ
射して、相手をからめとる！）
しゃ　　　あいて

 **友だちと
ライバル
は？**
とも　栃木県のサンベリーと、群馬県のカラッカ
とちぎけん　　　　　　ぐんまけん
ゼーは北関東ナンバーワンを争う永遠のライ
きたかんとう　　　　　あらそ　えいえん
バルだよ。

筑波山
つくばさん

美しい山だ。朝と
うつく　やま　あさ
夕方では色が
ゆうがた　いろ
ちがって見えるぞ！
み

鬼怒川
きぬがわ

ハクサイ

22

ナットンの茨城県しょうかい

農業がとってもさかんで、収穫量日本一の作物がたくさんあるんだ。宇宙などの最先端の研究所が集まっているのも自慢さ。

とれる量を千葉県と争っている。
鶏卵

3000本も梅の木がある梅の名所さ！

偕楽園

漁獲量日本一。茨城県は農業だけじゃない！
サバ

茨城名物と言えば、何と言っても水戸納豆！
納豆

那珂川　水戸市

メロン

筑波研究学園都市

筑波山▲

鹿島灘

鹿島臨海工業地域

レンコン

霞ケ浦　北浦

全長120mで青銅製立像として世界一の高さ！
牛久大仏

茨城県なんでも日本一

★★★
メロンの収穫量日本一！※1

★★★
レンコンの収穫量日本一！※1

★★★
納豆を食べる量日本一！※2

栃木県

ねらった的と
ギョーザの味は
外しません！

イチゴとギョーザを愛する弓の名人

サンベリー

イチゴ形の矢

栃木県出身の弓名人・
※那須与一にあこがれている。

イチゴとギョーザへの
愛情はだれにも
負けない！

※那須与一は、今から約800年前に活躍した弓矢の得意な武将だよ

カンピョウのはちまき

ギョーザ形の腰当て

日光東照宮の眠り猫のデザイン

男体山▲

中禅寺湖

華厳の滝

97mの落差を
落ちるダイナミック
な滝です！

渡良瀬川

🖊 サンベリーのヒミツ

 すきな食べ物　ギョーザとイチゴ。いつもはおとなしいが、ギョーザの話になると熱く語るぞ。

 趣味　ギョーザづくり。ライバルの静岡県の浜松ギョーザに負けないよう毎日研究している。

 得意技　ベリーショット（イチゴのような先端のついた矢を、超高速で何本も放つ）

 友だちとライバルは？　茨城県のナットン、群馬県のカラッカゼーとは北関東ナンバーワンを争う永遠のライバル。静岡県のイエヤースとはギョーザ日本一をめぐるライバルだよ。

24

サンベリーの栃木県しょうかい

全国的に有名な観光地の日光が自慢。

イチゴやカンピョウづくり、

乳牛の飼育など、農業もさかんですよ。

とくにイチゴづくりは日本一です。

那須高原

那須高原では乳牛の飼育がさかん。

乳牛

那珂川

将軍・徳川家康をまつる神社です。

世

日光東照宮

宇都宮市は「ギョーザの町」でおなじみ！

鬼怒川

サトイモ

ギョーザ

ニラ

宇都宮市

益子焼

どっしりした厚手の焼き物です。

カメラレンズ

カメラの交換レンズづくりも日本一！

イチゴ

つくるのはほとんどが「とちおとめ」です。

カンピョウ

栃木県なんでも日本一

★★★
イチゴの収穫量
日本一！ ※1

★★★
カンピョウの生産量
日本一！ ※2

★★★
せんべいを食べる量
日本一！ ※3

※1 2018年 農林水産省「作物統計」から ※2 2016年 農林水産省「地域特産野菜生産状況」から ※3 2016〜2018年平均 総務省「家計調査」2人以上世帯、宇都宮市から

群馬県

**群馬名物からっ風に
きたえられたヒーロー** **カラッカゼー**

自然に出る
お湯の量
日本一だ！

だるまデザインのよろいとかぶと

キャベツ形のかざり

義理人情にあつく、
草津温泉のお湯のような
熱さがウリのヒーローだ。
一か八かの
大勝負が好き。

草津温泉

草津温泉の湯もみ板

レタス　　キャベツ

富岡製糸場デザインの腰当て

コンニャクブーツ

カラッカゼーのヒミツ

**すきな
食べ物** こんにゃくとやきまんじゅう。こんにゃく
はぷるぷるの食感がたまらないそうだ。

趣味 温泉めぐり。群馬県には草津だけでなく、
たくさんの温泉地があるのだ。

得意技 だるまさんがころんだ（この言葉を言うと、
相手の動きを止めることができる！）

**友だちと
ライバル
は？** 茨城県のナットンと栃木県のサンベリーと
は、北関東ナンバーワンを争う永遠のライ
バル。大分県のオンセン・ガイとは温泉友
だちなんだ。

オレの情熱は
草津の湯のように
熱いぜ！

関東山地

26

カラッカゼーの群馬県しょうかい

利根川の源流があって温泉が豊富な県だぜ。

ほかにも尾瀬や
世界遺産の富岡製糸場など、
有名な観光地も多いぞ。

越後山脈

尾瀬

ミズバショウの花で有名だぞ。

トロッコ列車が有名だぞ。

わたらせ渓谷鐵道

赤城山▲

渡良瀬川

前橋市

やきまんじゅう

高崎市はだるまをつくる量日本一！

利根川

ネギ

だるま

コンニャクイモ

富岡製糸場 世

まゆ

絹糸の原料、カイコのまゆづくりが日本一！

日本初の近代的な製糸工場だ。

群馬県なんでも日本一

★★★
コーヒー飲料の
生産額
日本一！※1

★★★
コンニャクイモの
収穫量
日本一！※2

※1 2017年 経済産業省「工業統計表」から　※2 2018年 農林水産省「作物統計」から

埼玉県（さいたまけん）

鉄剣と鉄道が武器の古墳戦士

コフンダーS（エス）

さきたま古墳群の近くで育った戦士。古墳から出た古い鉄剣と、SL形のハンマーが武器だ！

川越の時の鐘デザインのかざり

古墳時代の鉄剣

はにわデザインのよろいとかぶと

SL形の武器（エスエルがた ぶき）

草加せんべい形手裏剣（そうか がたしゅりけん）

300年の歴史がある日本三大夜祭りの一つさ。

秩父夜祭（ちちぶ よまつり）

秩父盆地（ちちぶぼんち）

関東山地（かんとうさんち）

はにわづくり まがたまづくり、おもしろいよ！

コフンダーS（エス）のヒミツ

すきな食べ物：草加せんべい。おやつにいつも持ち歩いているよ。

趣味：鉄道博物館ですごすこと。お気に入りは「ミニ運転列車」の運転だって！

得意技：モクモク鉄剣ぎり（SLのけむりで周りを見えなくさせ、鉄剣で攻撃する！）

友だちとライバルは？：千葉県のエアナッツとはライバルだ。どちらが東京都のシュト・トキオと仲良しかを競っているぞ。

コフンダーSの埼玉県しょうかい

東京の仕事場に働きに出たり、学校に通ったり
など、東京に通っている人が多い。
東京のベッドタウンとして発達しているぞ！

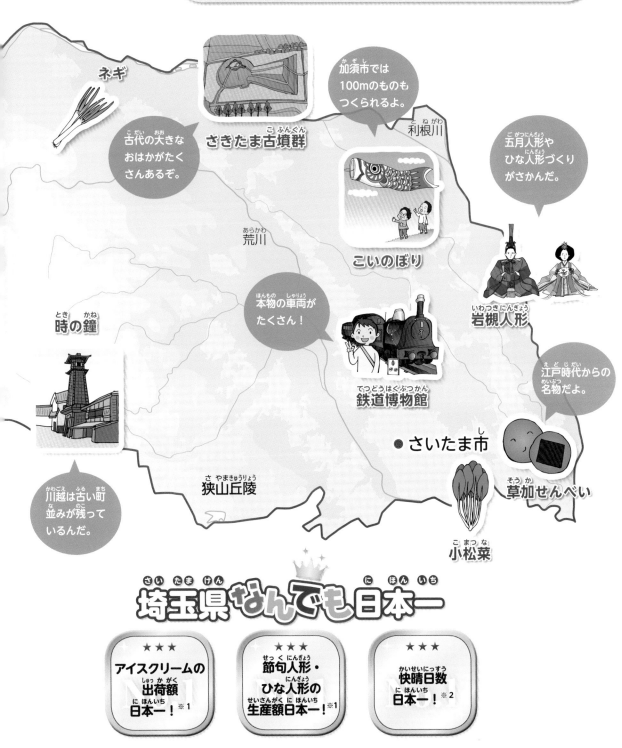

ネギ

さきたま古墳群

古代の大きなおはかがたくさんあるぞ。

加須市では100mのものもつくられるよ。

利根川

こいのぼり

荒川

五月人形やひな人形づくりがさかんだ。

岩槻人形

時の鐘

本物の車両がたくさん！

鉄道博物館

江戸時代からの名物だよ。

●さいたま市

川越は古い町並みが残っているんだ。

狭山丘陵

草加せんべい

小松菜

埼玉県なんでも日本一

★★★
アイスクリームの出荷額
日本一！※1

★★★
節句人形・ひな人形の
生産額日本一！※1

★★★
快晴日数
日本一！※2

※1 2017年 経済産業省「工業統計表」から　※2 2008年から2017年の10年間の快晴日数 気象庁から

29

千葉県
（ちばけん）

サーフィンも畑仕事も大得意！
（はたけしごと だいとくい）

エアナッツ

九十九里浜でサーフィンをして
（くじゅうくりはま）
体をきたえるぞ。
（からだ）
休みの日は
（やすひ）
成田空港から
（なりたくうこう）
海外旅行に
（かいがいりょこう）
出かけるんだ。
（で）

「日本の玄関」は成田空港だぜ！
（にほんの げんかん）（なりた くうこう）

しょうゆボトル形ジェット
（がた）

飛行機形のヘッドギア
（ひこうきがた）

落花生形の肩当てとすね当て
（らっかせいがた）（かたあ）（あ）

滑走路デザインのサーフボード
（かっそうろ）

🖊 エアナッツのヒミツ

すきな食べ物（す た もの）	ピーナツ。地元産のピーナツしか食べないらしいぞ！（じもとさん）（た）
趣味（しゅみ）	バードウォッチング。とくに谷津干潟にやってくる渡り鳥を見ること。（やつひがた）（わた どり み）
得意技（とくいわざ）	ピーナツボンバー（サーフボードで高速移動しながら、ピーナツ形の弾を発射する！）（こうそくいどう）（がた たま はっしゃ）
友だちとライバルは？（とも）	埼玉県のコフンダー S とはライバル。ただ、千葉（さいたまけん）（エス）（ちば）県には東京ディズニーランドがあるため、埼玉県より勝っていると思っているんだ。（けん）（とうきょう）（さいたまけん）（か）（おも）

神奈川県川崎市につながる自動車道だ。
（かながわけんかわさきし）（じどうしゃどう）

東京湾アクアライン
（とうきょうわん）

エアナッツの千葉県しょうかい

三方を海でかこまれていて、農業、漁業、工業
いずれもさかんだよ。東京のベッドタウン
としても発達しているのさ！

しょうゆ

節分のごうかな
豆まきで有名さ。

成田山新勝寺

利根川

印旛沼

水あげ量は
全国トップ
クラス！

年間約100種類
の野鳥が来るぞ。

谷津干潟

銚子港

日本と外国を
結ぶ空の玄関さ。

成田国際空港

犬吠埼

千葉市

カブ

落花生
（ピーナツ）

東京湾

九十九里浜

イワシ

太平洋ぞいの
長〜い砂浜だ。

伊勢エビ

とれる量は全国
トップクラス！

ナシ

房総半島

千葉県なんでも日本一

★★★	★★★	★★★
No.1 しょうゆの 生産額 日本一！ ※1	No.1 落花生の 収穫量 日本一！ ※2	No.1 カブの 収穫量 日本一！ ※2

※1 2017年 経済産業省「工業統計表」から　※2 2018年 農林水産省「作物統計」から　　31

東京都
とうきょうと

日本の中心、かがやくリーダー
にほんのちゅうしん

関東山地
かんとうさんち

奥多摩湖
おくたまこ

武蔵野台地
むさしのだいち

シュト・トキオ

自分こそがヒーローのリーダーだと
じぶん
思っているよ。だれもがうらやむ
おも
力を持つクールな戦士だ！
ちから も せんし

わたしこそが
日本の中心！
にほん ちゅうしん
いや、世界の
せかい
中心さ!!
ちゅうしん

国会議事堂デザインのよろいとかぶと
こっかいぎじどう

浅草雷門のちょうちん
あさくさかみなりもん
デザインの肩当て
かたあ

にぎりずし形の腕当て
がた うであ

東京タワー&東京スカイツリー形の武器
とうきょう とうきょう がたぶき

シュド・トキオのヒミツ

すきな食べ物
た もの
江戸前のにぎりずし。すしの名
えどまえ めい
店をめぐって食べ歩いている。
てん た ある

趣味
しゅみ
ショッピングやコンサートなど。
つねに新しい刺激を受けて楽し
あたら しげき う たの
むんだ。

得意技
とくいわざ
大都会スペシャル（東京タワー
だいとかい とうきょう
や都庁など、たくさんの高層建
とちょう こうそうけん
築で攻撃する！）
ちく こうげき

友だちとライバルは？
とも
他の道府県ヒーローから、あこ
ほか どうふけん
がれの目で見られたり、ライバ
め み
ルとして見られたり……。でも、
み
まったく気にしていないらしい。
き

シュト・トキオの東京都しょうかい

日本の首都で、政治や経済・文化の中心地さ！
国の役所や大きな会社なども集まっていて、
住んでいる人の数もいちばん多いのさ！

毎年5月に浅草で行われる祭りだぜ。

三社祭

東京スカイツリー

高さは634mもあるぞ。

練馬大根

ここが日本の政治の中心地だ！

国会議事堂

東京（新宿区）

多摩川

皇居

天皇陛下のすまいだ。

荒川

隅田川

東京湾

江戸前とは東京湾でとれた魚のことさ。

江戸前にぎりずし

伊豆大島
新島
三宅島
御蔵島
八丈島

伊豆諸島

青ケ島

ベヨネース列岩
須美寿島

鳥島

孀婦岩

智島
嫁島
父島
母島

小笠原諸島

北硫黄島

硫黄島
南硫黄島

弟島
兄島
父島

世

世界遺産に登録されているぞ。

小笠原諸島

住んでいる人の数 日本一！ ※1 ★★★

住んでいる外国人の数 日本一！ ※2 ★★★

会社の数 日本一！ ※3 ★★★

東京都なんでも日本一

伊豆大島

利島

椿

新島

式根島

神津島

三宅島

八丈島

八丈小島

青ケ島

御蔵島

母島

向島

姉島

妹島

姪島

小笠原諸島

※1 2018年 総務省統計局 国勢調査および人口推計から　※2 2018年末 法務省「在留外国人統計」から　※3 2016年 総務省・経済産業省「経済センサス」から

神奈川県

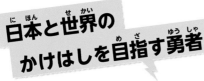

日本と世界の かけはしを目指す勇者

ハマミライ

横浜中華街でシューマイをつくりながら、日本や世界のニュースに目を光らせているぞ！

横浜中華街デザインのかぶとと肩当て

横浜ベイブリッジデザインの防具

シューマイハンマー

江ノ島電鉄をイメージしたベルト

丹沢山地

江戸時代から知られた温泉街だ。

箱根

ウメ

箱根山 ▲

芦ノ湖

広い世界に 目を 向けようぜ！

✒ ハマミライのヒミツ

すきな食べ物
シューマイとギョーザ。かまぼこもわりと好きらしい。

趣味
クルーザー（大型のモーターボート）。海の上を自由に走ると気分はハッピー！

得意技
シューマイミサイル（シューマイ形のハンマーを回転させて投げつける！）

友だちとライバルは？
東京都のシュト・トキオをライバル視していて、いつかは追い越したいと思っているんだ。同じ港町の神戸（兵庫県）や長崎（長崎県）のヒーローたちもライバルだ。

ハマミライの神奈川県しょうかい

東京都の次に人口が多いんだ。横浜には世界で最大級の中華街があり、鎌倉や箱根など観光地も多い！　魚もたくさんとれるぞ！

相模湖

近代的なビルが立ちならぶぜ。

横浜みなとみらい21

横浜市

東京湾

アユ

横浜中華街

小田原市の名物だぞ。

相模川はアユがよく釣れる川なんだぜ。

中華料理の店がたくさん！

かまぼこ

相模川

鎌倉大仏

高さは約11m。知ってた？

三浦半島

三浦大根

相模湾

三崎港は遠洋漁業の基地だぞ。

神奈川県なんでも日本一

★★★
シューマイを買うのに出すお金が日本一！※1

★★★
バターを買うのに出すお金が日本一！※1

★★★
果実酒がつくられる数日本一！※2

マグロ

※1 2016〜2018年平均 総務省「家計調査」2人以上世帯、横浜市から　※2 2017年 国税庁「国税庁統計年報」から

47都道府県ヒーローバトル!!

キミはどのヒーローの勝ちだと思う?

バトル3 すごい景色はどこだ? 対決(東日本へん)

マサムーン

東日本の絶景といえば、宮城県の松島です。青い海にうかぶ緑の島々があざやかで、本当に美しい風景が広がるんですよ。昔から日本三景のひとつに数えられているほどです。

松島湾に260ほどの島々がうかぶ絶景が有名な観光名所。

ナットン

茨城県の袋田の滝こそ東日本、いや日本一の絶景だ。緑にかこまれた中を、滝の水が荒々しく流れ落ちていくんだ。何度見ても見あきないぞ。みんなも一度は見てほしい。

大子町にある滝。冬には滝の水がこおることもある。

サンベリー

滝の日本一といえば、わが栃木県の華厳の滝でしょう。90m以上の高さから爆音をとどろかせて、一気に落ちる様子は大迫力ですよ。見ているとパワーがわいてきますね。

日光市にある滝。禅寺湖の水が流れ落ちている。

カラッカゼー

絶景といえば、群馬県の鬼押出しも負けてないぜ。おもしろい形の溶岩がたくさんあって、まるで異世界の景色のようなんだ。公園になってるから、気軽に遊びにいけるぞ。

嬬恋村にある。浅間山から流れ出た溶岩がかたまってできた。

シティ・カガ

自然の風景ではないけれど、石川県の兼六園もおすすめの絶景だよ。日本三名園に数えられる美しい庭園は、夏もいいけれど、雪景色ではさらに美しさがアップするよ。

金沢市にある庭園。雪から木を守るための縄、雪づりが有名。

カニーザウラー

絶景といえばやはり自然がいちばんだよ! ぼくの福井県にある東尋坊は、絶景中の絶景さ。海からどどーんとでかくてけわしい岩がそびえる様子は、見ているだけでドキドキしちゃうよ。

坂井市にある。海から25mの高さのがけがそびえるのが最高光名所。

マスターシンシュー

雄大さでいえば、長野県と山梨県のさかいにある八ヶ岳もすばらしい。美しい山々が連なる景色を見るのもいいが、登ればさらにすばらしい景色に頭もさえわたるよ。

長野県と山梨県のさかいにある山々で、日本百名山のひとつ。

イエヤース

雄大といえば富士山であろう! とくに、わが静岡県の三保松原から見る富士山の美しさは天下一品、世界一の絶景じゃ。世界遺産に登録されているのも当然じゃな。

静岡市にある、松がたくさん植えられている浜。日本三大松原のひとつ。

36

中部地方

中部地方は、雪の多い米どころの日本海側、工場の多い太平洋側、果物づくりがさかんな山岳地帯といったとくちょうがあるよ。

新潟県

石川県　富山県　長野県

福井県

岐阜県　山梨県

愛知県　静岡県

新潟県

日本一の
米どころの底力、
見せてあげるよ。

スキー大好き
雪国のおしゃれ番長

コメスキー

トキのデザインのかぶと

イネのデザインのかざり

米どころ新潟県の生んだ
おしゃれなヒーロー。
スキーが大好きで、
夏でもスキー板を
はいているほど。

黄金のスキー板とストック

雪のように白い服

コメスキーのヒミツ

 すきな食べ物 しおむすび。一度に20個は軽くたいらげてしまうんだ。

 趣味 スキー。休みの日には一日中スキー場でスキーをしているんだって。

 得意技 ライスブリザード（もみがらのまざったふぶきが、相手をおそう）

友だちとライバルは？ 北海道のキタノダイチとは米どころ日本一を争うライバルだったけれど、いっしょにスキーをしたら仲良くなったよ。

飛騨山脈（北アルプス）

コメスキーの新潟県しょうかい

県全体がたくさんの雪がふりつもる豪雪地帯だけど、日本一の米どころだ。日本で初めてスキーをした場所でもあるぞ。

粟島

トキ

絶滅したトキの再生にチャレンジしているぞ。

サケ

ヨモギの団子を笹の葉でくるんでいるんだ。

佐渡島

佐渡の金山

信濃川

越後平野

新潟市

笹団子

阿賀野川

金属器

佐渡島は江戸時代に金山で栄えたんだ。

燕三条はスプーンなどの金属器づくりがさかんだ！

日本三大花火の一つだぞ。

長岡まつり大花火大会

コメ

越後山脈

魚沼産のコシヒカリは超有名！

スキー場

湯沢町などにスキー場がたくさんある！

新潟県なんでも日本一

★★★
コメの
収穫量
日本一！ ※1

★★★
コメのお菓子
（おせんべいなど）の
生産量日本一！ ※2

※1 2018年 農林水産省「作物統計」から　※2 2017年 経済産業省「工業統計表」から

39

富山県
（とやまけん）

しんきろうをあやつる
マジカル戦士

ザ・シンキロー

ぼくの
しんきろうを
見破れるかな？

合掌造りデザインのかぶと

薬箱風武器入れ

富山県名物の
しんきろうを自在に
あやつる戦士。

けがをしたら、
背中の薬箱に入っている
薬で治すぞ。

ホタルイカのしんきろう

ライチョウのデザインの服

黒部ダムをイメージしたプロテクター

✏ ザ・シンキローのヒミツ

すきな食べ物	マスずし。電車に乗るときの駅弁は必ずこれなんだって！
得意技	しんきろうクラッシュ（しんきろうで分身して相手に飛びかかる）
趣味	薬づくり。有名な富山の薬売りの伝統を受けついで、自分でも薬をつくっている。
友だちとライバルは？	福井県のカニーザウラーとはカニなべ仲間。同じ米どころの新潟県のコメスキーをライバル視しているよ。

ザ・シンキローの富山県しょうかい

雪解け水にめぐまれた米どころであるぞ。

ブリやホタルイカ、シロエビなどおいしい
海産物が豊富にとれる県なのだ。

シロエビ

ブリ

しんきろう

富山湾で春先から
初夏にかけて
見られるぞ。

飛騨山脈（北アルプス）

ホタルイカ

暗闇で
青白く光る
イカなのだ。

富山湾

黒部峡谷

神通川

富山市

富山平野

江戸時代、
富山の薬売りが
全国で商売を
したのだ。

日本一の高さを
持つとっても
でかいダムだ。

富山の薬売り

弥陀ケ原

黒部ダム

チューリップ

コメ

ニホンカモシカと
ニホンライチョウは
特別天然記念物！

ニホンカモシカ

ニホンライチョウ

五箇山合掌造り

雪が落ちやすい
急な屋根が
とくちょうだ。

富山県なんでも日本一

★★★
薬を売る
場所（お店）の数
日本一！ ※1

★★★
ブリを買うのに
使うお金
日本一！ ※2

石川県
いし かわ けん

伝統の町に生まれた
でん とう まち う
おぼっちゃま

シティ・カガ

伝統ある城下町・
でんとう じょうかまち
金沢生まれのヒーロー。
かなざわ う
実力があるのに
じつりょく
でしゃばらない
平和主義者だ。
へいわしゅぎしゃ

輪島塗のかぶと
わじまぬり

兼六園の雪づり風のやり
けんろくえん ゆき ふう

イヌワシの羽根デザインのかざり
はね

波の花デザインの服
なみ はな ふく

✒ シティ・カガのヒミツ

すきな食べ物 た もの	金沢おでんと金沢カレー。上品な かなざわ かなざわ じょうひん 姿なのに、Ｂ級グルメが大好きな すがた びーきゅう だいす 庶民派なんだ。 しょみんは
趣味 しゅみ	輪島の朝市での買い物。愛馬にま わじま あさいち か もの あいば たがって夜明け前から朝市に向か よあ まえ あさいち む うんだって。

得意技 とくいわざ	波の花タイフーン（日本海の冬の名物・波の花を巻 なみ はな にほんかい ふゆ めいぶつ なみ はな ま き上げて、相手をまどわす） あ あいて
友だちとライバルは？ とも	北陸新幹線でつながる富山県、新潟県、長野県のヒー ほくりくしんかんせん とやまけん にいがたけん ながのけん ローたちと仲が良い。雨が多い県なので、晴れの日 なか よ あめ おお けん は ひ の多い埼玉県のコフンダーＳがうらやましい。 おお さいたまけん エス

シティ・カガの石川県しょうかい

金沢は江戸時代からの伝統がある城下町だよ。
北の能登半島には海の幸や伝統工芸品の
輪島塗など、自慢のものが
たくさんあるんだ。

輪島の朝市

1000年以上
前から続いて
いるんだ。

能登半島

輪島塗

うるしを美しく
ぬった工芸品だよ。

七尾湾

能登島

金を
うすくのばす
伝統工芸。

波の花

金箔

冬、岩に打ち寄せた
波が白いあわに
なるんだ！

江戸時代に
つくられた
広い庭園だよ。

兼六園

金沢市

金沢城

九谷焼

加賀平野

石川県の
鳥だよ！

両白山地

加賀野菜

イヌワシ

石川県なんでも日本一

★★★
雷が
起きる日数
日本一！※1

★★★
お菓子に
使うお金
日本一！※2

福井県

小さいけれど恐竜パワー全開!

日本海の荒海できたえたパワーで勝負だっ!

恐竜デザインのかぶと

越前ガニのデザインのよろい

若狭塗の巨大おはしソード

鯖江市のメガネフレーム形のたて

カニーザウラー

日本海の荒海を
泳いで体をきたえる
元気者だ。
福井県で発掘された
恐竜のような
パワーが自慢!

🖌 カニーザウラーのヒミツ

すきな食べ物	カニなべとソースカツどん。戦いの前にはソースカツどんを必ず食べるんだ!
趣味	ソースカツどんの食べ歩きと、恐竜図鑑をながめての新技の開発。
得意技	高速カニバサミ(うでの巨大カニづめグローブを素早く動かし、相手をはさむ!)
友だちとライバルは?	富山県のザ・シンキローと仲良し。2人でよくカニなべパーティーをしているぞ。岩手県のテッキリアスとはおたがいの県で発掘された恐竜の話でもり上がるんだ。

若狭湾でとれる高級魚のトラフグさ!

若狭フグ

大島半島

小浜湾

400年の歴史がある伝統工芸。とくにおはしが有名だよ!

若狭塗

若狭

カニーザウラーの福井県しょうかい

47都道府県の中でも面積が小さいほうだけれど、住んでいる人の幸福度は日本一！　海でとれるカニやフグがとってもうまいぞ！

東尋坊

高いがけがそびえる観光名所だ！

九頭竜川

恐竜の化石に会えるぞ！

● **福井市**

恐竜博物館

日本海の名物！11月からがシーズンだ。

越前ガニ

両白山地

鯖江市では日本のメガネフレームのほとんどを作ってるんだぜ！

メガネフレーム

九頭竜ダム湖

越前和紙

1500年の歴史をほこる品質の高い和紙！

敦賀半島

敦賀湾

美浜湾

ソースをつけたカツののったどんぶりさっ！

ソースカツどん

福井県なんでも日本一

★★★
住んでいる人の幸福度
日本一！ ※1

★★★
メガネフレームの出荷額
日本一！ ※2

※1 日本総合研究所『全47都道府県幸福度ランキング2018年版』から　※2 2018年 経済産業省「工業統計表」から

山梨県
やま　なし　けん

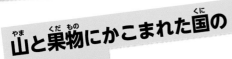

山と果物にかこまれた国の
サムライ

タイガーカイ

神代桜をイメージしたかぶと

山はたくさん
あるのに、
山梨（なし）県！

ブドウのデザインの軍配

地元出身の
戦国大名・武田信玄を
そんけいしている
ヒーロー。
ゆめはでっかく
天下統一だ！

富士山形のかざり

水晶のグローブ

赤石山脈（南アルプス）

✏️ タイガーカイのヒミツ

 すきな食べ物
ほうとう。大好きだけど、実はネコ舌なので、作り立てが食べられないのがなやみ。

 趣味
読書。47都道府県でいちばん図書館のある県のヒーローらしく、一日1さつは本を読んでいるぞ。

 得意技
キラキラクリスタル（手につけた水晶を太陽にかざしてキラキラと光らせ、相手の目をくらませる！）

 友だちとライバルは？
静岡県のイエヤースとは、会うたびに富士山がどちらの県から見るときれいなのかを言い争っている。同じ山にかこまれた長野県のマスターシンシューとは登山仲間だよ。

タイガーカイの山梨県しょうかい

高い山々にかこまれた県じゃ。昼と夜の気温の差が大きいので、ブドウやモモなどのあまいフルーツをつくることができるんじゃよ。

年齢は1800年以上！とっても年を取った桜じゃ！

笛吹川

山高神代桜

山梨は水晶の産地として知られておる。

関東山地

水晶

武田信玄が洪水のひがいをふせぐためにつくった堤防じゃ。

信玄堤

ブドウを使ってワインづくりもさかんじゃ！

ワイン

●甲府市

甲府盆地

ブドウ

モモ

富士川

河口湖

精進湖

西湖

ニジマス

果樹園

本栖湖

青木ケ原樹海

山中湖

世 ▲富士山（剣ケ峰）
富士山

ブドウやモモをその場でもいで食べられる観光農園も多いぞ！

山梨県のほうには富士五湖もあるのじゃ。

山梨県なんでも日本一

| ★★★ ブドウの収穫量 日本一！※1 | ★★★ モモの収穫量 日本一！※1 | ★★★ 100万人あたりの図書館の数 日本一！※2 |

※1 2018年 農林水産省「作物統計」から　※2 2016年度 総務省統計局「統計でみる日本のすがた2019」から

長野県

勉強が大好きな秀才ヒーロー

マスターシンシュー

教育がさかんな
長野県に生まれた
まじめな勉強家。
バトルよりも人に勉強を
教えることが好きなんだ。

レタスのデザインのかぶと

めんぼう形のこんぼう

そば打ちは根気が大切だよ！

カメラのデザインのよろい

もりそばデザインのジェット

ナウマンゾウブーツ

✒ マスターシンシューのヒミツ

すきな食べ物	五平餅と信州そば。そばは自分でも打つほど大好き。日々研究を欠かさない。
趣味	登山とカメラ。山登りをしてとった写真をＳＮＳにアップすることに最近はまっている。
得意技	そば打ちトーク（そばをつくりながらウンチクを語る。相手は聞いているうちにねむってしまう）
友だちとライバルは？	山梨県のタイガーカイとは登山仲間。群馬県のカラッカゼーとは、どちらの県でつくった高原野菜がおいしいかを競っている。

昔の町並みを残しているんだ。

妻籠宿

マスターシンシューの長野県しょうかい

高い山々がたくさんある県だよ。夏でもすずしくて、きれいな水も豊富だから、高原野菜やソバの栽培がさかんなんだ。

ナウマンゾウ

野尻湖で化石が発見されたよ。

信州そば

善光寺
長野市

とっても歴史のある立派なお寺だよ！

飛騨山脈（北アルプス）

松本城

400年前につくられた古い城だ。

精密機械工業

諏訪大社

諏訪湖のまわりはカメラや時計の工場が多いんだ。

6年に1度の御柱祭で有名だよ。

木曽山脈（中央アルプス）

赤石山脈（南アルプス）

ハクサイ

レタス

長野県なんでも日本一

★★★
レタスの収穫量日本一！ ※1

★★★
ブナシメジの収穫量日本一！ ※1

★★★
野菜を食べる量日本一！ ※2

※1 2018年農林水産省「作物統計」から　※2 2016年厚生労働省「国民健康・栄養調査」から

49

岐阜県

高山の
からくり人形は
スバラシイ!!

からくりと宇宙が
大好きな科学の戦士

カラクリン

からくり人形をイメージしたかざり

美濃和紙でつくったかざり

家族思いの
心やさしいヒーローは
科学が大好き。
自分で発明した
からくりで
バトルするぞ。

鵜のデザインのよろいとかぶと

両白山地

伊吹山地

揖斐川

✏️カラクリンのヒミツ

 けいちゃん。岐阜生まれの地元グルメを日本中に広めたいと活動中。

 からくりづくり。飛騨高山で行われる高山祭のからくり人形を研究しているんだ。

 からくりアタック（からくり人形をくりだして相手を攻撃するぞ！）

 愛知県のシャチホッコーとは焼き物の話でもり上がるよ。

カキ

岐阜市●

濃尾平野

カラクリンの岐阜県しょうかい

北には高い山がたくさんあって、南には川や広い平野があります。陶磁器や金属製品などの工業がとてもさかんな県なんですよ。

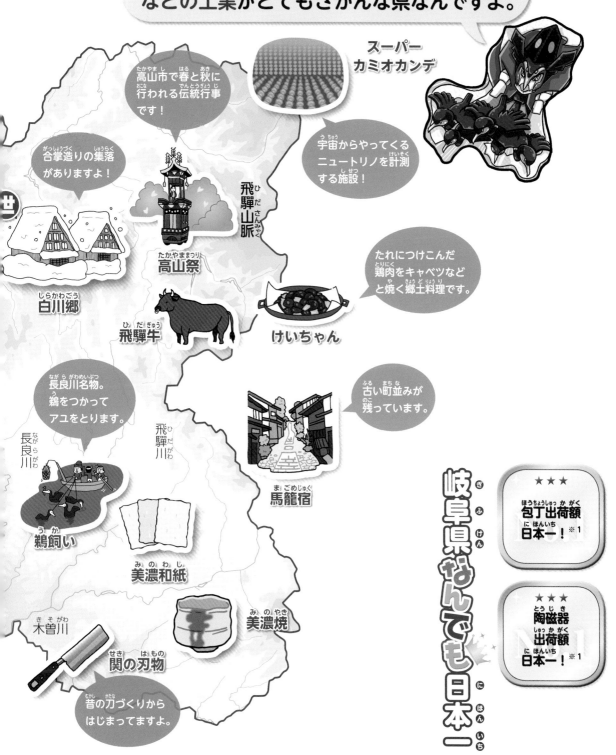

スーパーカミオカンデ

高山市で春と秋に行われる伝統行事です！

合掌造りの集落がありますよ！

宇宙からやってくるニュートリノを計測する施設！

飛騨山脈

高山祭

白川郷

飛騨牛

たれにつけこんだ鶏肉をキャベツなどと焼く郷土料理です。

けいちゃん

長良川名物。鵜をつかってアユをとります。

古い町並みが残っています。

飛騨川

長良川

鵜飼い

美濃和紙

馬籠宿

美濃焼

木曽川

関の刃物

昔の刀づくりからはじまってますよ。

岐阜県なんでも日本一

★★★
包丁出荷額
日本一！ ※1

★★★
陶磁器
出荷額
日本一！ ※1

静岡県
しずおかけん

イエヤース

富士山のふもとから
目指すは日本一！

富士山のように日本一を目指すぞ！

温だんな気候で
生まれ育った
マイペースなヒーロー。
あまり怒ったことは
ないが怒らせると
こわい。

富士山形のかぶと

ウナギ形のかざり

ピアノ形の肩当て

浜松市を中心に
ピアノづくりと
オートバイづくりが
さかんだ。

バラのデザインの肩当て

サッカーボールのやり

浜名湖で育つ
ウナギを使った
ウナギ料理が有名だ！

ギョーザ

ウナギ料理

ピアノ

天竜川
てんりゅうがわ

イエヤースのヒミツ

すきな食べ物
うなどんとギョーザ。富士山に登ったあとに食べるうなどんとギョーザは最高だって！

趣味
富士山に登ること。日本一高い山の頂上から見る景色を楽しんでいるよ！

得意技
サッカーボールフラッシュ（サッカーボールを高速でけりだす！）

友だちとライバルは？
山梨県のタイガーカイとは、どちら側から見る富士山が美しいかを争っている。栃木県のサンベリーとはギョーザ日本一を争ういいライバルだ。

イエヤースの静岡県しょうかい

あたたかくてとってもすごしやすい県だ。
昔から農業や漁業、工業が発達しているぞ。
高くそびえ立つ富士山がシンボルなのだ。

赤石山脈（南アルプス）

サッカー

静岡県は
サッカーがさかんな
土地なのだ。

富士山
（剣ケ峰）

徳川家康を
まつる神社だ！

製紙工場

富士川

きれいな水の
多い富士市で
さかんだぞ！

相模灘

久能山東照宮

サクラエビ　シラス

温泉

● 静岡市

大井川

駿河湾

世

三保松原

浜から見る
富士山が美しい！

伊豆半島

日本一
プラモデルを
つくる工場が
あるのだ。

プラモデル工場

遠州灘
茶畑

バラ

静岡県なんでも日本一

★★★	★★★	★★★
お茶の生産量 日本一！※1	ピアノの出荷額 日本一！※2	マグロの漁獲量 日本一！※3

※1 2018年 農林水産省「作物統計」から　※2 2018年 経済産業省「工業統計表」から　※3 2018年 農林水産省「漁業・養殖業生産統計」から

愛知県

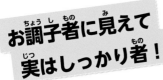

お調子者に見えて実はしっかり者！

シャチホッコー

にぎやかなことが大好きでお調子者に見えるけど、じつは慎重派。中部地方のリーダー的存在だ！

名古屋コーチンのしっぽ風のマント

金のシャチホコ形のかぶと

ういろう

自動車形の小手と胸当て

瀬戸焼の肩当てと腰当て

名古屋の飯は※でらうまいでよ。

※とてもうまいという意味

名古屋コーチン

愛知県のブランドのニワトリだがね！

名古屋市

金魚

弥富市では日本にいる金魚25種類全部が育てられとる！

中部国際空港

セントレアというニックネームの国際空港だ。

知多半島

シャチホッコーのヒミツ

すきな食べ物
みそかつとモーニングセット。モーニングセットのトーストにぬるのはあんこで決まり！

得意技
シャチホコの激流（頭にあるシャチホコから放たれる大量の水が相手を直撃する！）

趣味
金魚を飼うこと。色とりどりの金魚を見ているだけで幸せな気持ちになるんだ。

友だちとライバルは？
中部地方のヒーローたちのリーダーは自分だと思っているんだ。岐阜県のカラクリンとは、焼き物の話でもり上がるぞ。

シャチホッコーの愛知県しょうかい

中部地方の経済や産業の中心だぞ。
とくにたくさんある工場の製品出荷額は日本一。
みそかつなどの独特な名古屋めしも有名だがや。

日本を代表する
焼き物だ！

瀬戸焼

庄内川

名古屋城

天守の屋根にある
金のシャチホコで
おなじみだがね！

豊田市には、
自動車会社の
トヨタの工場などが
集まっとる！

自動車工場

濃尾平野

みそかつ

八丁味噌

ウナギ

三河湾

渥美半島

バラ

キク

メロン

愛知県なんでも日本一

★★★
工場でつくった
工業製品の出荷額
日本一！※1

★★★
自動車
づくり
日本一！※1

※1 2018年 経済産業省「工業統計表」から

キミはどのヒーローの勝ちだと思う？

バトル4 とっても大きな建造物対決！

青森県の三内丸山遺跡には、高さ約15mの縄文時代の高床式建物が復元されている。そんな昔に大きな建物があったという感動も与えてくれる巨大建造物……。

4000年以上前の縄文時代の遺跡（青森市）。巨大柱穴跡が六つ見つかった。

ジョンガラスター

コフンダーS

埼玉県には大雨のときにあふれた水を大きな川に逃がす巨大な地下水路の首都圏外郭放水路、通称「地下神殿」があるぞ！

でかくてかっこいいだけじゃなく、洪水も防いでくれる最高の巨大建築だ！

全長6.3kmもある、世界最大級の地下放水路（春日部市）。

フッ、東京都には関東中にテレビの電波を届ける東京スカイツリーがある。高さは634m。日本でいちばん高い建物だ。ライバルは、あえていえば富士山だけだな。

2012年完成（墨田区）。高さは「むさし」（東京の旧国名）で覚える。

シュト・トキオ

ザ・シンキロー

わが富山県の自慢、黒部ダムをわすれてはこまるね。7年もかけてつくった日本一大きなダムで、放水の様子は大迫力！　一度は見てみたいと思わないか？

1963年完成（立山町）。堤高186mは日本一。

岐阜県の地下にあるスーパーカミオカンデも超巨大施設です。5万トンの水と約1万3千個の光センサーで、宇宙のなぞを解明しているんです！ノーベル賞も狙えるかも。

1996年完成（飛騨市）。宇宙から飛んでくるニュートリノなどを観測。

カラクリン

ゴッドシルバー

島根県の出雲大社にかざられている大しめ縄は超巨大、取りかえるときはクレーン車を使うほどなんですよ。ほかの都道府県では絶対に見られません。どうです、すごいでしょ？

2018年に取りかえられた大しめ縄は長さ13.6m、重さ5.2トン（出雲市）。

山口県の錦帯橋は長さ210m、世界でもめずらしい木でできたアーチ（弓なり）橋である。江戸時代につくられ、橋を守るため、改修を重ねてきたのだ。美しさも含めて日本一だな。

1674年から276年間、流失しなかった（岩国市）。現在の橋は1953年再建。

プレジデント・チョーシュー

チャン・カステーラ

長崎県の軍艦島は昔は石炭を取る島だった。小さな島にコンクリートの高層アパートが立ちならび、軍艦みたいに見える島なのサ。今は無人島だけど観光名所なんだよ！

正式名称は端島で、世界遺産に登録（長崎市）。多い時には約5300人が居住。

近畿地方

近畿地方は、その昔に日本の都があった奈良県や京都府があって、古くから人やものが集まって栄えてきた地方だよ。

京都府

滋賀県

兵庫県

三重県

大阪府

奈良県

和歌山県

三重県

真珠のキラメキを放つ
忍者戦士

ニンニン
シノブ

名産の真珠が大好き。
でも身につけると
キラキラ光って
忍者の仕事がしにくい
のがなやみなんだ！

イセエビ形のかぶと

伊賀忍者の手裏剣

真珠の首飾り

ロウソク形けむり玉

アカウミガメ形のたて

ニンニンシノブのヒミツ

すきな食べ物	伊勢うどん。めんは太くてやわらかいのがいちばんなんだって！
趣味	海にもぐってエビや貝をつかまえること。貝に真珠が入っていたらいいなと思っている。
得意技	真珠手裏剣（真珠のパワーを込めた手裏剣を相手にたたきつける！）
友だちとライバルは？	真珠がたくさんとれる愛媛県のタオルプリンスとは、おたがいの真珠をめぐるライバルだよ！　和歌山県のメガホエールとはとなり同士で意識しあっているかも。

ハートは
いつでも真珠の
かがやきで
ござる！

熊野川

58

ニンニンシノブの三重県しょうかい

日本の東と西をつなぐ大事な県。世界で初めて丸い真珠の養殖に成功したのでござる！ 伊勢神宮もとっても有名でござる。

ハマグリ

揖斐川

鈴鹿山脈

甲賀（滋賀県）の忍者とライバルでござる。

伊賀の忍者

ロウソク

四日市市は公害も起こった土地ですな。

石油化学コンビナート

● 津市

伊勢湾

「肉の芸術品」とよばれていますぞ。

松阪牛

伊勢うどん

真珠

伊勢神宮

志摩半島

伊勢エビ

海女

海にもぐって貝や海藻をとるでござる。

紀伊山地

熊野灘

尾鷲湾

七里御浜はウミガメが卵を産むでござる。

アカウミガメ

三重県なんでも日本一

★★★	★★★	★★★
真珠のアクセサリーの出荷額 日本一！ ※1	伊勢エビの漁獲量 日本一！ ※2	海女の人数 日本一！ ※3

※1 2017年 経済産業省「工業統計」から　※2 2018年 農林水産省「漁業・養殖業生産統計」から　※3 鳥羽市立海の博物館調べ

滋賀県

琵琶湖の豊かな
水パワーで戦う闘士

彦根城をイメージしたよろいとかぶと

琵琶湖の
水こそが最高
なのだ！

ビワコング

琵琶湖のほとり、
比叡山の山中で
いつも修行している。
こしにつけた信楽焼を
ほめるとよろこぶぞ。

ふなずし形の肩当て

琵琶湖形のなぎなた

信楽焼のアクセサリー

延暦寺

たくさんの
お坊さんが
修行している！

大津市

ビワコングのヒミツ

| すきな食べ物 | ふなずし。お米の部分は食べないんだ。お茶漬けにして食べるのがお気に入り。 |

| 趣味 | 水を汚さないようみんなに呼びかけること。水を大事にしない人間には怒るよ！ |

| 得意技 | ウォーターブラスター（ものすごい量の水を相手にぶつけるぞ。そうじにも使える技だ！） |

| 友だちとライバルは？ | 京都府のゴジョウミヤビや大阪府のミスタークイダオレには琵琶湖のおいしい水をプレゼントしているよ。2人の健康を守っていることをほこりにしているんだ。 |

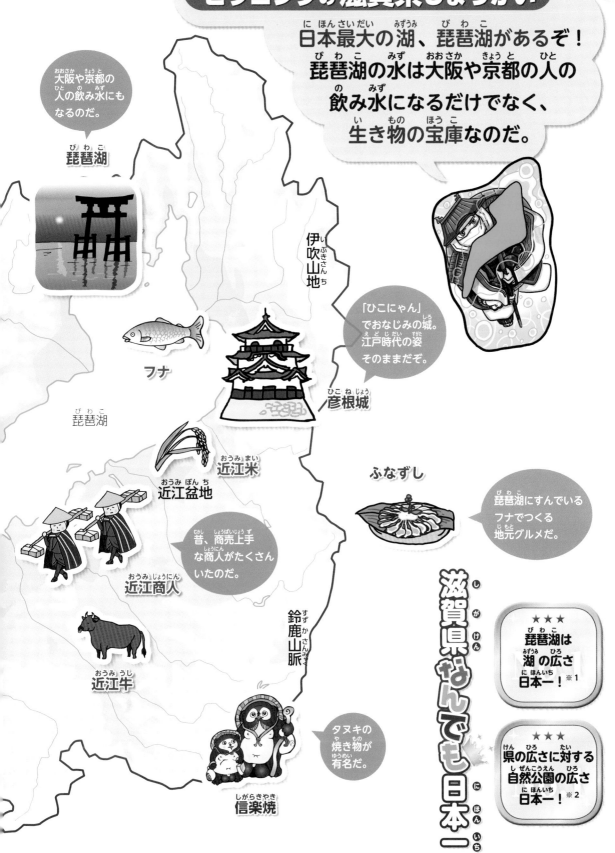

ビワコングの滋賀県しょうかい

日本最大の湖、琵琶湖があるぞ！
琵琶湖の水は大阪や京都の人の
飲み水になるだけでなく、
生き物の宝庫なのだ。

大阪や京都の
人の飲み水にも
なるのだ。

琵琶湖

伊吹山地

「ひこにゃん」
でおなじみの城。
江戸時代の姿
そのままだぞ。

フナ

彦根城

琵琶湖

近江米

近江盆地

ふなずし

琵琶湖にすんでいる
フナでつくる
地元グルメだ。

昔、商売上手
な商人がたくさん
いたのだ。

近江商人

鈴鹿山脈

近江牛

タヌキの
焼き物が
有名だ。

信楽焼

滋賀県なんでも日本一

★★★
琵琶湖は
湖の広さ
日本一！※1

★★★
県の広さに対する
自然公園の広さ
日本一！※2

※1 2019年 国土交通省国土地理院「全国都道府県市区町村別面積調」から　※2 2017年 環境省「環境統計」から

61

京都府

きょう と ふ

「千年の都」に住む
気品あふれるヒーロー

ゴジョウミヤビ

日本の歴史の中で長く都だった京都のヒーロー。
気品あふれる姿なのに、身軽でメチャ強いぞ。

丹後半島

天橋立

逆さに見ると空につながっているみたい！

福知山盆地

京都の寺社をイメージしたかざり

五山送り火をデザインした頭巾

天橋立模様のマント

西陣織の戦闘服

ゴジョウミヤビのヒミツ

すきな食べ物	ぶぶ漬け。お茶漬けのことだよ。京都名物のお漬物、千枚漬けをのせて宇治茶をかけて食べるんだ。
趣味	鴨川のほとりを散歩。夏は大文字も見えてとても気持ちいいんだ。
得意技	千年の都のかがやき（金閣寺のような黄金のかがやきで、相手の目をくらませるんだ）
友だちとライバルは？	どこの都道府県よりも「自分のことがすごい」と思っているみたい。東京都のシュト・トキオだって弟分だと考えているんだ。

いにしえからの都のちからお見せしますよ！

ゴジョウミヤビの京都府しょうかい

1000年間も都があった地域なので、歴史を感じさせるお寺や神社がたくさんあります。世界中からたくさんの観光客が来ますよ。

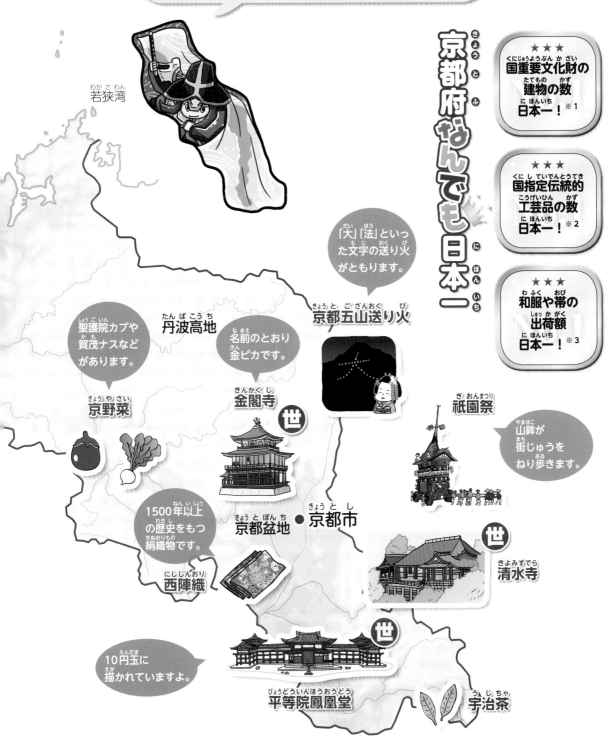

若狭湾

京都府なんでも日本一

国重要文化財の建物の数 日本一！ ※1

国指定伝統的工芸品の数 日本一！ ※2

和服や帯の出荷額 日本一！ ※3

「大」「法」といった文字の送り火がともります。

京都五山送り火

聖護院カブや賀茂ナスなどがあります。

丹波高地

名前のとおり金ピカです。

京野菜

金閣寺 世

祇園祭

山鉾が街じゅうをねり歩きます。

1500年以上の歴史をもつ絹織物です。

京都盆地

京都市

西陣織

清水寺 世

10円玉に描かれていますよ。

平等院鳳凰堂

宇治茶

大阪府

陽気でおもろい
なにわのヒーロー！

ミスター クイダオレ

毎日お笑いの技術を
みがいているぞ！
ポケットに入っている
アメを、みんなに
配っているんだ。

大山古墳デザインの額当て

通天閣デザインのかざり

お好み焼き形のコテ

町工場のネジの模様

たこやき形のボタン

めざすは
お笑いナンバー
ワンや！

🖊 ミスタークイダオレのヒミツ

すきな食べ物
たこ焼きとお好み焼き。お好み焼きは外はカリッ、中はフワッフワの関西風がいちばん！

趣味
お笑い。気になるものを見つけたらつっこまずにはいられないんだ！

得意技
なにわのコテコテ返し（両手のお好み焼き形コテで相手をひっくり返すぞ！）

友だちとライバルは？
東京都のシュト・トキオのことを一方的にライバル視しているよ。広島県のカープ・ザ・レッドとはどっちのお好み焼きがおいしいかでよくケンカになるらしい。

関西国際空港

サクサク
おいしい大阪の
特産品や。

水ナス

ミスタークイダオレの大阪府しょうかい

大阪は西日本全体の中心地！ 江戸時代に「天下の台所」とよばれるくらい、商人の町やったんや。お笑い好きがすごく多いんやで。

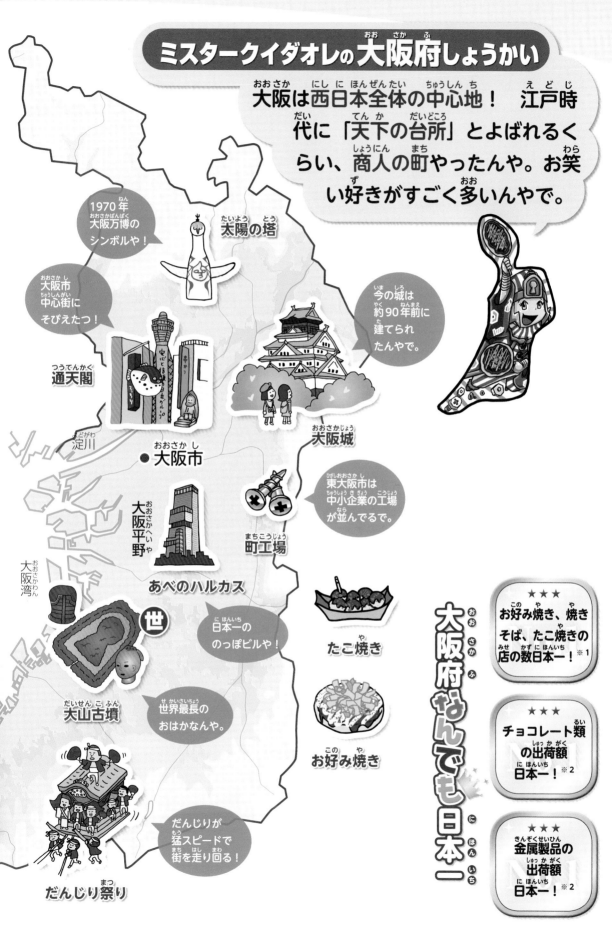

1970年大阪万博のシンボルや！

大阪市中心街にそびえたつ！

太陽の塔

今の城は約90年前に建てられたんやで。

通天閣

淀川

大阪市

大阪城

東大阪市は中小企業の工場が並んでるで。

大阪平野

あべのハルカス

町工場

大阪湾

日本一ののっぽビルや！

たこ焼き

世界最長のおはかなんや。

大山古墳

世界最長のおはかなんや。

お好み焼き

だんじりが猛スピードで街を走り回る！

だんじり祭り

大阪府なんでも日本一

★★★
お好み焼き、焼きそば、たこ焼きの店の数日本一！ ※1

★★★
チョコレート類の出荷額日本一！ ※2

★★★
金属製品の出荷額日本一！ ※2

兵庫県

港町出身の おしゃれヒーロー

ホワイトジョー

港町・神戸出身の おしゃれボーイ。 でも、山や島も 好きな アウトドア派。 時間には きびしいぞ。

異人館街のかざり

標準時子午線のつえ

甲子園球場も オレの ものだ！

甲子園デザインのかぶと

ポートタワー形のバズーカ

姫路城デザインの肩当て

ホワイトジョーのヒミツ

すきな食べ物	いかなごのくぎ煮。あまからくてモリモリご飯が食べられるって！
趣味	ハイキング。山に入ってマツタケをとったりするぞ！
得意技	六甲おろしショット（神戸市の六甲山から吹きおろす風のようにはげしい風をふかせるぞ！）
友だちとライバルは？	ひそかなライバルは同じ港町出身、神奈川県のハマミライ。島根県のゴッドシルバーとは、白い姫路城と黒い松江城のどっちがきれいかを競い合っているよ。

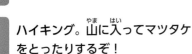

ホワイトジョーの兵庫県しょうかい

国際貿易港の神戸を中心に発展したのさ。瀬戸内海と日本海に面する大きな県で海と山のめぐみがいっぱい！淡路島もあるぞ。

但馬牛

県の北の地域で飼育されている。

マツタケ

明石市などを通る東経135度の線は日本の時間の基準。

日本標準時子午線

篠山盆地

揖保川

加古川

春と夏に高校野球の全国大会が開かれるぞ。

いい水が多いからおいしいお酒がつくれるのだ。

日本酒

播磨平野

別名「白鷺城」。白くて美しい！

姫路城

阪神甲子園球場

播磨灘

明石海峡

神戸市

古くから栄える貿易港だ！神戸には異人館街もある。

大阪湾

神戸港

タコ

イカナゴ

タマネギ

淡路島

鳴門海峡

兵庫県なんでも日本一

★★★	★★★	★★★
日本酒づくり 日本一！ ※1	肉製品の出荷額 日本一！ ※2	水産物のつくだ煮の生産量 日本一！ ※3

※1 2016年度 国税庁「清酒製造業の概況」から　※2 2017年 経済産業省「工業統計表」から　※3 2017年 農林水産省「水産加工統計」から

奈良県

な ら けん

コツコツ修行をがんばる
もの静かな戦士

京都だけが
古都じゃ
ありませんよ！

ナーランジャー

修行好きで
もの静かな戦士。

すごいパワーを
持っているぞ。

奈良公園の
シカたちは
友だちだ！

柿の葉ずし形のかざり

大仏風のかぶと

シカの角の弓

くつ下風のかざり

✎ ナーランジャーのヒミツ

 すきな食べ物
柿の葉ずし。柿の葉のかおりが食欲をそそって、いくつでも食べられる！

 趣味
写経。写経とはお経を筆で書き写すこと。書くのに使う墨は奈良の特産だ！

 得意技
シカフロージョン（友だちのシカたちが、相手に突進していくぞ！）

 友だちとライバルは？
お寺や神社がたくさんある京都府のゴジョウミヤビがライバル。滋賀県のビワコングや埼玉県のコフンダーＳとは海なし県仲間だよ。

ナーランジャーの奈良県しょうかい

1200年以上前には日本の都がありました。東大寺や法隆寺など、歴史のあるお寺や世界遺産がいっぱいありますよ。

世界でいちばん古い木造建築なのです。

法隆寺五重塔

世

墨

奈良市

奈良盆地

世

東大寺の大仏

奈良公園のシカ

神のつかいとして大事にされていますよ。

大仏殿は世界最大級の木造建築です。

くつ下

金魚

吉野川

吉野山

奈良はカキの生産量も多いのです。

カキ

吉野山はヤマザクラの名所なんです。

吉野の桜

紀伊山地

柿の葉ずし

押しずしが柿の葉につつまれた名産品です。

吉野スギ

奈良県なんでも日本一

★★★
ソックス
（くつ下）の
出荷額日本一！
※1

★★★
墨の生産量
日本一！
※2

※1 2017年 経済産業省「工業統計表」から　※2 「奈良製墨組合」ウェブサイトから

和歌山県

わかやまけん

和歌山市

わかやまし

クジラも持ち上げられる力自慢!

メガホエール

海や山が好きな野生児。

トレーニングで
つかれたら、
名産の梅干しや
ミカンを食べて
回復するぞ!

日本一の生産量だぞ!

ミカン

有田川
ありだがわ

クジラをイメージしたよろい

紀州備長炭
きしゅうびんちょうたん

うめぼし形のグローブ

備長炭のブーツ
びんちょうたん

ミカン形のグローブ

梅干しパワーで突っ走るぜ!

メガホエールのヒミツ

すきな食べ物	梅干しとミカン。つかれたときはビタミンCだ!
趣味	パンダを見に行くこと。和歌山県は日本でいちばんパンダがいるのが自慢だ。

得意技	ホエールスプラッシュ(クジラのしおふきのように、ごうかいに海水をぶちまけるぞ!)
友だちとライバルは?	奈良県のナーランジャーとは紀伊山地友だちで、三重県のニンニンシノブはライバル。神奈川県のハマミライとは、どっちの県の梅干しがすっぱいかを競っているよ!

メガホエールの和歌山県しょうかい

森林が多い「木の国」だ！ あたたかな気候をいかしてカキやミカン、ウメをつくっているぞ。

空海（弘法大師）が開いた寺だ！

紀の川

世

高野山金剛峯寺

カキ

これも日本一だ！

熊野の山は昔から信仰を集めてきたんだ。

紀伊山地

熊野古道

世

ウメ

和歌山県なんでも日本一

★★★
ミカンの収穫量
日本一！※1

★★★
ウメの収穫量
日本一！※1

★★★
ジャイアントパンダの飼育頭数
日本一！※2

紀伊半島

熊野川

パンダ

日本でいちばんパンダがいる県だぞ。

海中郵便ポスト

クジラ

昔はクジラ漁がさかんだったぞ。

※1 2018年 農林水産省「作物統計」から
※2「アドベンチャーワールド」ウェブサイトから

47都道府県ヒーローバトル!!

バトル5 日本の伝統ある古い都対決!

ゴジョウミヤビ

京都府こそ古都ナンバーワン! 明治維新まで1000年以上も都としてさかえてきて、国宝の総数も奈良より多く、観光客も5千万人超え。世界にほこる古都なのです。

京都三大祭りのひとつ、葵祭。平安時代の服装をした人々。

ナーランジャー

わが奈良県の方が京都よりも歴史が古いですよ。奈良の大仏だけでなく、国宝となっている古い仏像彫刻や建造物の件数は京都より上! 歴史のある神社仏閣が多いということなのです。

710年にできた平城京跡に復元された朱雀門(奈良市)。

バトル6 ずるずるっとおいしい、めん対決!

テッキリアス

夏でも冬でも食べたくなる、岩手県の盛岡名物、冷麺がいちばん。コシの強いめんがからくてつめたいスープにあう。牛のダシのうまみで毎日でも食べたくなるぞ。

戦後、朝鮮半島出身の焼き肉店主が店で出したのがきっかけとされる。

めんなら秋田県横手市の横手やきそばだろう。めんは太くてまっすぐ、あまみのあるソースに目玉焼きがのっているのもとくちょう。秋田だけど、うますぎて絶対にあきない!

太めのゆでめんを使うのがとくちょう。戦後に誕生した。

カメンブレイド

シャチホッコー

めんは食べたときの感じが大切だがや。愛知県のきしめんは平べったくて表面はつやつや、口の中にいれるとつるつるもちもち。こんなすてきな食感のめんはほかににゃーて!

名前の由来はキジの肉入りで「キジめん」など。写真のきしめんは、かなり幅広のもの。

食感でいうなら三重県の伊勢うどんでござる! うどんにコシなんていらない、太くてフワフワのめんをこい口のだしでいただく、これが最高の食べ方でござるよ!

江戸時代にお伊勢参りに来た人に出されたのが始まりという。

ニンニンシノブ

イケメーン

何を言っている? うどんはコシこそ命。コシのないうどんはうどんじゃない! そう、香川県のほこる讃岐うどんのように! 日本人はみんな讃岐うどん好きになるべきだ!

香川県の高松市にはうどんや日本そばをお店で食べている。香川県は日本一うどんを食べている。

うどん? 焼きそば? 日本人がいちばん好きなんはラーメンたい。なかでも福岡県のとんこつラーメンはラーメン界の帝王ばい! 何杯もかえ玉するのが通やけんね。

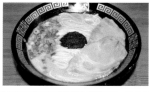

豚の骨を煮込んでつくるとんこつラーメンは福岡県久留米市で生まれた。

ドンタックン

中国地方

中国地方は、
日本海側が山陰地方といって、
冬の寒さがきびしく漁業がさかん。
瀬戸内海側は山陽地方といって、
あたたかで果物づくりがさかんだよ。

鳥取県

島根県

岡山県

広島県

山口県

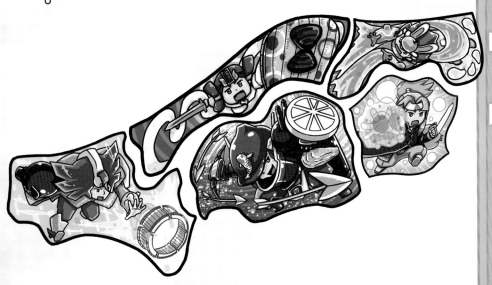

鳥取県

鳥取砂丘で育った妖怪好き

サッキュン

お人よしで目立つのが苦手で、砂遊びが大好き。妖怪のようなフシギパワーを持っているとか？

サッキュンのヒミツ

すきな食べ物	ナシ。とくに二十世紀ナシが最高で、一年中でも食べたいんだって。
趣味	砂遊び。砂をつかって妖怪の像をつくるのはお手の物。
得意技	デザートローズ（砂をまき散らしていろいろなものを砂まみれにする！）
友だちとライバルは？	福井県のカニーザウラーや富山県のザ・シンキローとはカニなベパーティーを開く仲。岩手県のテッキリアスとは妖怪の話でもり上がるらしいぞ。

砂遊びをバカにすなッス！

因幡の白兎をイメージしたかぶと

弓ケ浜半島

境港

二十世紀ナシ形のかざり

ラッキョウ形のベルト

鳥取砂丘の砂のはごろも

大きな漁港！妖怪の像もたくさんあるッス。

日野川

ラクダ形の小手

サッキュンの鳥取県しょうかい

人口は日本でいちばん少ないけれど、美しい鳥取砂丘やあまい二十世紀ナシなど自慢はいっぱいッス！　ラッキョウにカニも名産ッス。

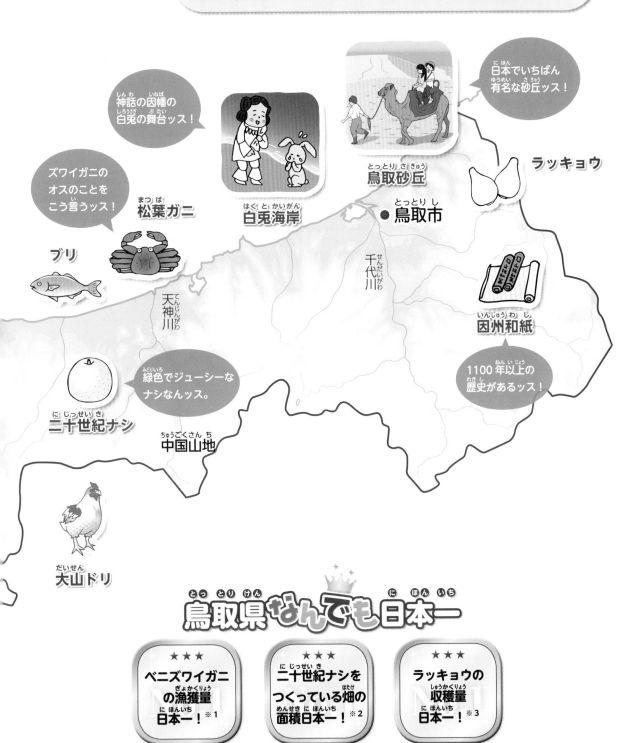

神話の因幡の白兎の舞台ッス！

日本でいちばん有名な砂丘ッス！

ズワイガニのオスのことをこう言うッス！

松葉ガニ

白兎海岸

鳥取砂丘

鳥取市

ラッキョウ

ブリ

天神川

千代川

因州和紙

緑色でジューシーなナシなんッス。

二十世紀ナシ

中国山地

1100年以上の歴史があるッス！

大山ドリ

鳥取県なんでも日本一

★★★
ベニズワイガニの漁獲量日本一！ ※1

★★★
二十世紀ナシをつくっている畑の面積日本一！ ※2

★★★
ラッキョウの収穫量日本一！ ※3

※1 2018年 農林水産省「漁業・養殖業生産統計」から　※2 2016年 農林水産省「特産果樹生産動態等調査」から　※3 2016年 農林水産省「地域特産野菜生産状況」から

島根県

シジミ汁は
しみじみ
うまいです。

銀のかがやきを
放つ勇者

ゴッド
シルバー

日本神話をイメージした服とヘアスタイル

そろばん形のヘッドギア

石州和紙のはごろも

シジミ貝デザインのたて

神話の神様のように
光りかがやく
ヒーローだ。
石見銀山の銀で
つくった武器が
自慢だぞ。

✏️ゴッドシルバーのヒミツ

 すきな食べ物
シジミ汁。体にとてもいいから
毎日飲んでいるぞ。

 趣味
縁むすび。人と人の仲を取り
持ってお友だちや恋人をたく
さんつくるよ!

 得意技
シルバーストリング（石見の銀
でつくった糸をむすんで仲間に
する）

 友だちとライバルは?
鳥取県のサッキュンとは日本海
仲間で仲良しだけど、人から鳥
取県のヒーローだと間違われる
のはちょっといやなんだって。

トビウオ

島後

隠岐諸島

西ノ島

島前

中ノ島

知夫里島

竹島

ゴッドシルバーの島根県しょうかい

縁むすびの神様で有名な出雲大社があって、たくさんの神話や伝説が残っています。広い宍道湖ではシジミ漁がさかんですよ。

シジミ漁

島根半島

シジミは県の特産物です。

高さ日本一の灯台です！

日御碕灯台

宍道湖

中海

松江市

斐伊川

松江城

カレイ

松葉ガニ

江戸時代にさかえた銀山です。

世

石見銀山

江の川

石州和紙

出雲大社

10月に日本中の神様が集まります。

江戸時代の建物が残っています。

中国山地

奥出雲町はそろばんの町です。

雲州そろばん

どじょうすくい

出雲そば

めんが黒っぽいのがとくちょうですね。

民謡「安来節」にあわせてゆかいにおどります。

島根県なんでも日本一

★★★	★★★
シジミの漁獲量日本一！※1	サバ、シジミを食べる量日本一！※2

※1 2018年 農林水産省「漁業・養殖業生産統計」から　※2 2016〜2018年 総務省「家計調査」2人以上世帯、松江市から

岡山県

キビダーン

正義とフルーツパワーの
ヒーロー

みんなのことをいつも考えている。
人を苦しめる鬼のような悪者は、
フルーツパワーで退治するぞ！

きびだんごを
あげるから
仲間に
ならないか？

瀬戸大橋形の肩当て

カブトガニ形の剣

マスカットデザインのはちまき

学生服デザインのよろい

吉備高原

「生きた化石」と
よばれているよ。

キビダーンのヒミツ

すきな
食べ物

モモのタルト。頭を使うことが多い
から、あまいものが大好きなんだ。

得意技

ガトリングきびだんご（きびだん
ご形のたまを相手に連しゃ！）

趣味

おさいほう。服がやぶれたら自分で
ぬって直せるほどのうで前だ。

友だちと
ライバル
は？

香川県のイケメーンとは瀬戸大橋
でつながっている仲良しだよ！

カブトガニ

キビダーンの岡山県しょうかい

特産品はモモやマスカット！　学生服や石油コンビナートでも有名だよ。香川県と瀬戸大橋でつながっているぞ。雨の降る日が少ないんだ。

中国山地

ジャージー牛

旭川

吉井川

投げても割れないと言われるほどじょうぶ！

備前焼

高梁川

マスカット・オブ・アレキサンドリア

モモ

おかやまし
岡山市

おかやまへいや
岡山平野

きびだんご

吉備津神社

桃太郎のモデルとされる神様をまつっているよ。

石油化学コンビナート

こじまはんとう
児島半島

瀬戸大橋

倉敷市の水島地区にあるよ。

全国の約70%を岡山でつくっているんだ！

学生服

岡山県なんでも日本一

★★★
マスカット・オブ・アレキサンドリアの収穫量日本一！※1

★★★
学生服の生産額日本一！※2

★★★
たたみ表の生産額日本一！※2

※1 JA全農おかやまウェブサイトから　※2 2017年 経済産業省「工業統計表」から　79

広島県

赤い血潮もえる 熱いハートの戦士

カープ・ザ・レッド

みんなでワイワイするのが大好き。赤いものを見ると興奮して宮島名物のしゃもじをうち鳴らすぞ。

カープ・ザ・レッドのヒミツ

すきな食べ物	広島風お好み焼き。お好み焼きは関西風より広島風だ！ 調味料は塩レモン。
趣味	サッカーと野球の観戦。応援に熱が入ると思わず立ったりすわったりするよ。
得意技	スリーアローズ（矢を3本まとめて相手に投げつける。まとまった矢は絶対折れないんだ）
友だちとライバルは？	大阪府のミスタークイダオレとはどっちがお好み焼きの本場か言い争うこともあるよ。宮城県のマサムーンとはカキのおいしい食べ方を語り合う仲だ。

カキには
レモンを
かけて
食うんじゃ！

ニシキゴイ形のかざり付きカブト

レモン形のたて

戦艦デザインのよろい

カキ形手裏剣

厳島神社

みちしおのときは海のなかに鳥居が立っているんじゃ。

80

カープ・ザ・レッドの広島県しょうかい

原爆ドームがある広島市は国際平和都市になっとるんじゃ。産業ではカキの養殖や造船、自動車工業がさかんなんじゃ。

広島風お好み焼き

壬生の花田植

中国山地

吉備高原

プロ野球「広島カープ」のチーム名にもなっているぞ。

映画で有名になった「坂の町」じゃ！

江の川

太田川

原爆ドーム 世

原子爆弾の恐ろしさを今に伝えとるんじゃ。

錦鯉

伝統的なつくりかたを守っとる。

芦田川

福山平野

雨が少ないから育てやすいんじゃ。

尾道

レモン

広島市

熊野筆

しゃもじ

呉

安芸灘とびしま海道

カキ

呉市は造船業がさかんじゃ。海上自衛隊の基地もある。

広島県なんでも日本一

★★★	★★★	★★★
レモンの収穫量 日本一！ ※1	養殖カキ類の漁獲量 日本一！ ※2	ソース類の出荷額 日本一！ ※3

※1 2016年 農林水産省「特産果樹生産動態等調査」から　※2 2018年 農林水産省「漁業・養殖業生産統計」から　※3 2017年 経済産業省「工業統計表」から

山口県
やまぐちけん

プレジデント・チョーシュー

セメントのように硬い意志を持つ勇者

日本全体のことをいつも考えているぞ。
特産のセメントみたいに、少し頭がかたいかも？

- ナベヅルデザインのかぶと
- フグの上品な味わい……私にふさわしい。
- フグ形バズーカ
- セメントのよろいとブーツ
- 錦帯橋をイメージした武器

セメント原料の石灰岩でできた台地だ。日本最大級の鍾乳洞、秋芳洞もある。

秋吉台

アマダイ

下関市の名産だ。

フグ

ここで平家がめつぼうしたのだ。

壇ノ浦

関門海峡

✏ プレジデント・チョーシューのヒミツ

すきな食べ物	フグ刺し。やっぱりフグは下関がいちばんと思っているよ。
趣味	歴史の勉強が大好き。とくに明治時代以降が好きなんだって。

得意技	錦帯橋ローリングサンダー（錦帯橋の形をした武器がぐるぐる回りながら相手におそいかかるぞ）
友だちとライバルは？	福岡県のドンタックンとは関門トンネルで行き来する仲だよ。

プレジデント・チョーシューの山口県（やまぐちけん）しょうかい

本州（ほんしゅう）のいちばん西（にし）にあって、漁業（ぎょぎょう）や石油化学工業（せきゆかがくこうぎょう）がさかんなのである。これまで内閣総理大臣（ないかくそうりだいじん）をいちばんたくさん出した県（けん）でもあるのだ。

茶（ちゃ）が好（す）きな人（ひと）に愛（あい）されてきたのだ。

萩焼（はぎやき）

世

幕末（ばくまつ）のえらい人（ひと）がたくさん学（まな）んだ塾（じゅく）である！

本州（ほんしゅう）では唯一（ゆいいつ）ナベヅルがおとずれるのだ。

アーチ形（がた）の美（うつく）しい木造（もくぞう）の橋（はし）である！

松下村塾（しょうかそんじゅく）

●山口市（やまぐちし）

山口盆地（やまぐちぼんち）

佐波川（さばがわ）

ナベヅル

錦川（にしきがわ）

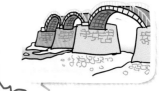

錦帯橋（きんたいきょう）

周防灘（すおうなだ）

山口県（やまぐちけん）なんでも日本一（にほんいち）

★★★
歴代内閣総理（れきだいないかくそうり）**大臣の数**（だいじんのかず）**日本一**（にほんいち）**！** ※1

★★★
アマダイ類（るい）**のとれる量**（りょう）**日本一**（にほんいち）**！** ※2

※1 首相官邸ウェブサイトから　※2 2018年 農林水産省「漁業・養殖業生産統計」から

バトル7 日本一の港はどこだ? 対決!

神奈川県の横浜港が日本一の港さ。150年以上の歴史があって、ここから日本に西洋文化が入ってきたんだぜ。今でも貿易額では日本で4番目のビッグな港なのさ。

ハマミライ

歴史のある港といえば、兵庫県の神戸港をわすれるなよ。古くは千年以上前から外国と交流してきた国際的な場所なんだ。歴史を感じさせる建物だって町にたくさんある!

ホワイトジョー

空の港、空港をわすれてもらってはこまるな。なんといってもオレの千葉県にある成田国際空港は、貿易額で日本一、日本の経済をささえているスーパービッグな港なんだぞ。

エアナッツ

大阪府には大阪港だけやのうて、関西国際空港もあるんやで。二つ合わせたら貿易額は日本で2番目や。さすが「天下の台所」の大阪! 日本の経済をバッチリささえてまっせ!

ミスタークイダオレ

港の貿易額データ(2018年)

順位	貿易額	港名	順位	貿易額	港名
1位	25兆1628億円	成田国際空港(千葉県)	5位	9兆2584億円	神戸港(兵庫県)
2位	17兆8214億円	名古屋港(愛知県)	6位	9兆2140億円	大阪港(大阪府)
3位	17兆6962億円	東京港(東京都)	7位	9兆2138億円	関西国際空港(大阪府)
4位	12兆4725億円	横浜港(神奈川県)			

シャチホッコー

わが東京都はどんなランキングでも上位に入ってくるのさ。

シュト・トキオ

海の港の貿易額ナンバーワンは、愛知県の名古屋港だがね!

バトル8 お祭りダンス対決!

アワダンサー

おどる祭りの日本一といえば徳島県の阿波踊りだぜ! 徳島だけじゃなくて、全国各地に広まっているのさ。毎年8月のお盆に行われる徳島の阿波踊りには、全国からたくさんの人が見に来るのさ!

400年の歴史を持つといわれる盆踊り。今では外国の人も楽しんでいる。

おどる祭りといえば、高知県のよさこい祭りじゃき。日本だけでなく世界にも広がり、伝統を守りながらもどんどん進化しているんじゃ。さすが新しもの好きだった坂本龍馬のふるさとの踊りぜよ。

もとは家の中での踊りだったが、1954年に地域おこしのために取り入れ、大きな祭りに発展した。

ハリマヤカツオ

進化している踊りでは、沖縄県のエイサーだって負けてないよ。たくさんの人たちが太鼓をたたきながらアクロバティックにおどったりして大迫力さ! 沖縄に見に来てほしいな!

沖縄の盆踊り。全国的に有名になってきた。最近新しいスタイルも生まれている。

ドラゴンシーサー

ショウギンガー

岐阜県の郡上踊りも全国的に有名さ!

カラクリン

おどる祭りといえば山形県の花笠まつりや……。

四国地方

四国地方は、周りを海にかこまれ、あたたかい気候の地方なんだ。果物づくりや漁業がさかんだよ。

香川県
愛媛県
徳島県
高知県

徳島県

（とく　しま　けん）

ダンスとLED（エルイーディー）でねらうぞ世界進出！ アワダンサー

三度の飯よりダンスが好き。
音楽がきこえるとおどり出すぞ。
実は商売上手な社長タイプだ。

スダチとカボス、間違えるなよ！

スダチ形のかぶと

青色LED（あおいろエルイーディー）のビーム砲

鳴門の渦潮デザインの耳当て

阿波踊りをイメージしたバトルスーツ

讃岐山脈（さぬきさんみゃく）

吉野川（よしのがわ）

吉野川の上流にある観光名所の渓谷だ。

大歩危・小歩危（おおぼけ・こぼけ）

アワダンサーのヒミツ

すきな食べ物　焼き鳥。名産の阿波尾鶏を夕飯で必ず食べるぞ。

趣味　ダンス。おどらにゃそんそん！精神で、阿波おどりからヒップホップまでレッツ・ダンス！

得意技　ブルービーム（青色LEDビームで相手の目をくらます！）

友だちとライバルは？　大阪府のミスタークイダオレとは、昔からいっしょに商売をしてきたこともあり、心をゆるしている。

86

アワダンサーの徳島県しょうかい

阿波おどりとLEDの生産で世界的に有名な県なんだぜ。流域面積が四国一の吉野川も自慢だ！　おっと、鳴門のうず潮もよろしく！

海にできる巨大なうずまきだ！

鳴門のうず潮

大鳴門橋

鳴門海峡

レンコン

LED（発光ダイオード）

霊山寺

四国の寺88カ所めぐり（お遍路）のスタート地点さ。

● 徳島市

徳島平野

全国でつくっているほとんどが徳島産だぜ！

LED製品を開発する会社がたくさんあるぜ！

スダチ

阿波おどり

400年の歴史があるんだぜ！

阿波尾鶏

四国山地

生シイタケ

産卵地の海岸があるぜ。

アカウミガメ

徳島県なんでも日本一

★★★	★★★	★★★
スダチの収穫量日本一！※1	生シイタケの生産量日本一！※2	県出身者が社長になる確率日本一！※3

※1 2016年 農林水産省「特定果樹生産動態等調査」から　※2 2018年 農林水産省「作物統計」から　※3 2017年 東京商工リサーチ「全国社長の輩出率」から

香川県

うどん愛に燃える 情熱の闘士

イケメーン

ぼくの体は99%、うどんでできているっ！

見た目は派手だけど堅実な頭脳プレーが得意だ。1日5回うどん屋さんでうどんを食べるらしいぞ。

うどんのどんぶり形のかぶと

瀬戸大橋形のたて

瀬戸大橋

本州の岡山と香川を結ぶ橋だ。

金刀比羅宮の石段イメージのよろい

うちわ形のやり

オリーブをイメージした防具

丸亀城

丸亀うちわ

みやげ物として人気さ。

金刀比羅宮

長い階段が有名だ。

📖 イケメーンのヒミツ

すきな食べ物　もちろん、うどん。それ以外のメニューは考えられないみたいだよ。

趣味　貯金。ためたお金で、直島に行ってすばらしい美術品を買うのが楽しみなんだって。

得意技　うちわハリケーン（うちわの強れつな風で、敵をはじきとばす）

友だちとライバルは？　稲庭うどんが有名な秋田県のカメンブレイドと、伊勢うどんが有名な三重県のニンニンシノブのことがかなり気になっているらしいよ。

イケメーンの香川県しょうかい

うどんと言えば香川、香川と言えばうどん。
でも、それだけではないのさ。オリーブに
うちわ、丸亀城……魅力がいっぱいなんだ。

オリーブ

小豆島が日本で初めて栽培に成功した場所だ。

小豆島

世界中から観光客が来るアートの島だぜ。

直島

小豆島のそうめん

高松市

手袋

讃岐平野

讃岐うどん

「うどん県」と言われている。

満濃池

讃岐山脈

日本でいちばん大きなため池さ。

香川県なんでも日本一

★★★
そば・うどんで使う金額日本一！※1

★★★
オリーブの収穫量日本一！※2

※1 2016〜2018年平均 総務省「家計調査」2人以上世帯、高松市から　※2 2016年 農林水産省「特定果樹生産動態等調査」から

愛媛県
えひめけん

バトル中もハンドタオルで
あせをふく王子様

道後温泉をイメージしたかぶと

イヨカン形のかざり

ミカンも
いいけど、
キウイもね！

今治タオルの剣

キウイフルーツ形の胸当て

タオルプリンス

瀬戸内海の波のように
おだやかな性格のヒーロー。
いつも必ずハンドタオルを
持ち歩いているぞ。

ガザミ形ロボット

🖊タオルプリンスのヒミツ

すきな食べ物　鯛飯。ごうかなご飯はおいわいごとに欠かせないんだ。

趣味　サイクリング。しまなみ海道を自転車でわたって、広島県のカープ・ザ・レッドに会いに行くんだ。

得意技　カンキツパンチ（イヨカン、ミカンなどのカンキツ類の形をしたたまをくり出す）

友だちとライバルは？　いつもおだやかなタオルプリンスだけど、三重県のニンニンシノブとは、真珠の話になると、おたがいに「うちの真珠がいちばんだ！」と言ってゆずらないよ。

タイ

宇和海

宇和海ではタイやブリの養殖がさかんなんだ。

真珠

宇和海でつくっているよ。

タオルプリンスの 愛媛県しょうかい

日がよく当たる段々畑でミカンをつくっているよ。
リアス式海岸の宇和海ではブリやタイ、真珠も育てているんだ。
今治のタオルも有名だよ！

しまなみ海道
愛媛県と広島県の島々を結ぶ橋だよ。

坊っちゃん列車
松山市の観光のシンボル！

松山市
松山平野

今治タオル

今治タオルは品質が高いんだ！

鯛飯

道後温泉
3000年の歴史をもつ名湯なんだ。

四国山地

ガザミ

肱川

イヨカン

キウイフルーツをつくる農家が最近ふえているんだ。

キウイフルーツ

愛媛県なんでも日本一

★★★	★★★	★★★
キウイフルーツの生産量日本一！ ※1	イヨカンの生産量日本一！ ※2	真珠の生産量日本一！ ※3

※1 2018年 農林水産省「作物統計」から　※2 2016年 農林水産省「特定果樹生産動態等調査」から　※3 2017年 農林水産省「漁業・養殖業生産統計」から

高知県
（こうちけん）

ねらった獲物は
外さない一本釣り名人

ハリマヤ カツオ

強い者に簡単には

したがわない。
わが道を行く

ヒーローだ。
得意の一本釣りで
獲物をねらうぞ！

一本釣りのさお

いっしょに
カツオを食べれば、
みんな仲間じゃ！

土佐闘犬の横綱風はちまきとベルト

そんけいする坂本龍馬の家のマーク

よさこいの鳴子

四万十川

ハリマヤカツオのヒミツ

すきな食べ物	カツオのたたき。自分で釣ったカツオを自分でたたきにして食べるんだ。
趣味	宴会。食べ物も飲み物もたくさん用意して、大人数でごうかいにワイワイやるのが大好きだよ。
得意技	一本釣り（自慢のさおで相手の体を一発で釣り上げる！）
友だちとライバルは？	青森県のジョンガラスターのところに遊びに行って、大間マグロの一本釣りに挑戦しているんだ。埼玉県のコフンダーS、岐阜県のカラクリンとは日本一の暑い地域の座を争っているぞ。

ハリマヤカツオの高知県しょうかい

あったかい気候と水がきれいな四万十川が自慢ぜよ。カツオの一本釣り漁もさかんじゃ。坂本龍馬が高知県を代表するヒーローぜよ！

四国山地

高知市の中心にあるんじゃ！

ニラ

強い犬同士がたたかうぜよ。

吉野川

ハウス栽培でほぼ一年中つくっているぜよ。

鳴子という楽器を持っておどるんじゃ。

仁淀川

はりまや橋

高知市　高知平野

ナス

土佐闘犬

坂本龍馬

幕末にかつやくした英雄ぜよ。

ユズ

よさこい祭り

皿鉢料理

室戸岬

ショウガ

すしなどを大皿にもった料理で宴会名物じゃ。

カツオの一本釣り

釣りざお1本でごうかいに釣るぜよ！

足摺岬

高知県なんでも日本一

★★★	★★★	★★★
ナスの収穫量日本一！ ※1	ショウガの収穫量日本一！ ※1	森林率日本一！ ※2

※1 2018年 農林水産省「作物統計」から　※2 2015年 農林水産省「農林業センサス」から

93

バトル 9　すごい景色はどこだ? 対決（西日本へん）

ビワコング

なんといっても日本最大の湖、滋賀県の琵琶湖が最高だ! 約1100種類もの動物や植物がいて、水鳥も毎年5万羽も飛んでくる。雄大な景色をながめれば心も体も大きくなる!

大小合わせて約460の川が流れ込む湖。1993年にラムサール条約に登録。

サッキュン

鳥取県の鳥取砂丘は、広さ日本一じゃないのが残念ッスけど、砂が風で動くことによってつくりだされるいろいろな地形を見られる、ほかでは味わえない魅力たっぷりの砂丘なんス。

鳥取市にある砂丘。青森県の猿ヶ森砂丘についで日本第2位の広さ。

キビダーン

わが岡山県の後楽園は「日本三名園」のなかでも、四季折々の表情が楽しめる美しい公園だ。園内ではタンチョウも飼育されている。心洗われる名園だぞ。

岡山市にある庭園。江戸時代に岡山の殿様によってつくられた。

カープ・ザ・レッド

広島県の厳島神社こそ最高じゃ。満ち潮のときには鳥居が海の中に立っているんじゃ。海の青さと鳥居の赤さを一緒に見られるなんて、日本一かっちょええ!

廿日市市にある神社で、1400年の歴史をもつ。

サガノムツゴロウ

佐賀県など四つの県にまたがる有明海の干潟は、日本でいちばん大きい干潟。ムツゴロウなどの変わった魚や生き物もたくさんいる。水平線にしずむ夕日はとくに美しい。

佐賀県、福岡県、熊本県、長崎県にまたがる干潟。

オンセン・ガイ

見たこともない景色が見たかったら大分県の耶馬渓に来いよ! 変わった形の巨岩がつくりだす絶景があちこちで見られるぞ。紅葉の季節はとくにきれいだ。本当にヤバい!

中津市にある。川の水でけずられた奇妙な形の岩がたくさんある。

ナンゴクイワト

宮崎県の日向灘に浮かぶ青島のまわりには、海が岩をけずりとって波のような形にした鬼の洗濯板が広がっている。自然がつくりだした「神秘」だと思わないかい?

宮崎市にある浜。岩の浜が島をかこむように広がっている。

サクラシマゾー

鹿児島県の錦江湾にどっしりかまえてけむりをはき続ける桜島。日本にたくさんある火山のなかでも雄大さと力強さが際立っております! おいも桜島のような男になりたか!

高さ1117m。1914年の頃ふん火で、大隅半島と陸続きになった。

九州・沖縄地方

九州地方は中国大陸に近くて、昔から外国との交流がさかんだったよ。沖縄県は独自の文化を持っているんだ。

福岡県
佐賀県
大分県
長崎県
熊本県
宮崎県
沖縄県
鹿児島県

福岡県

目立ちたがりの ハイテンション勇者

ドンタックン

派手好きで、軽いノリの目立ちたがり屋だよ。
遊びにお金をどんと使う。じつは頭がとてもいい！

屋台をイメージした武器

大宰府をイメージしたかぶと

明太子形のかざり

博多ラーメンのどんぶり形の肩当て

イチゴ

背振山地

うまい ラーメンは とんこつ バイ！

✎ ドンタックンのヒミツ

すきな食べ物
博多ラーメン。「替え玉」（めんだけおかわりすること）は必ずたのむんだ。辛子明太子のっけご飯もいっしょだよ！

趣味
博多の屋台街での食べ歩き。おでん、焼き鳥、ラーメンなど、そのときの気分で食べたいものは決めるよ。

得意技
メンタイギャラクシー（辛子明太子のひとつぶひとつぶが、いっせいにとびちる！）

友だちとライバルは？
九州では自分がいちばんだと思っている。北海道（みそラーメン）や福島県（喜多方ラーメン）など、ほかの地域のラーメンがほめられているのを聞くと、チョーくやしい。

ドンタックンの福岡県しょうかい

福岡市は九州でいちばんの大都市バイ。
古くから中国や朝鮮半島への玄関口で、九州の
経済や文化の中心としてさかえているバイ！

関門海峡

400年の歴史があるバイ。

福岡を代表する名物。

カイワレ大根

辛子明太子

玄界灘

博多人形

世

北九州市は製鉄の町として発展したんだ。

周防灘

八幡製鉄所

博多湾

博多どんたく

福岡市

太宰府天満宮

学問の神様がまつられる神社だぞ。

博多ラーメン

とんこつスープのラーメンだ！福岡名物の屋台でも人気バイ！

どんたく隊がしゃもじを鳴らしておどる祭りバイ。

筑紫山地

コムギ

筑紫平野

久留米がすり

伝統的な織物だ。

タケノコ

有明海

福岡県なんでも日本一

★★★
タケノコの収穫量
日本一！ ※1

★★★
たらこに使うお金
日本一！ ※2

※1 2018年 農林水産省「特用林産物生産統計調査」から　※2 2016～2018年平均 総務省「家計調査」2人以上世帯、福岡市から

97

佐賀県

サガノムツゴロウ

武の道を突き進むまじめな戦士

古い伝統を守って武道に打ち込む戦士。だれよりも努力家で、強い心を持っているんだ。

ムツゴロウデザインのかぶと

焼き物（伊万里・有田焼）のよろい

有明のりをイメージしたマント

ムツゴロウはとても珍しい魚なのだ！

サガノムツゴロウのヒミツ

すきな食べ物
有明のり。のりはいろんな「うまみ」がつまった食べ物なんだ。じつはあまいもの好きで、ようかんも大好物なんだって。

趣味
焼き物づくり。焼き物づくりで、武道に必要な集中力をトレーニングしているんだ。

得意技
気合いのりまき切り（集中して気をこめると、のりがするどい刃になって、おそいかかる！）

友だちとライバルは？
まじめで努力家のサガノムツゴロウと、お調子者の福岡県のドンタックンは、正反対の性格だけどなぜか仲良し。

サガノムツゴロウの 佐賀県しょうかい

伝統の伊万里・有田焼、唐津焼など、焼き物がさかんなんだ。弥生時代の集落あとの「吉野ケ里遺跡」や有明海の干潟も有名なのだ！

玄界灘

唐津焼
シンプルな絵付けの陶器だよ。

唐津湾

唐津くんち
鯛や龍などの山車が市内を回るお祭り！

背振山地

日本最大級の弥生時代の集落あとだよ。

日本三大松原のひとつだよ。

虹の松原

筑紫山地

佐賀バルーンフェスタ
秋に行われるアジア最大級の熱気球の大会なんだ。

アスパラガス

吉野ケ里遺跡

伊万里・有田焼
薄手でじょうぶな磁器だよ。

佐賀市

筑後川

レンコン

有明海

ムツゴロウ

有明のり
干潟にすむ魚。日本では有明海と八代海だけにいるよ。

佐賀県なんでも日本一

★★★
養殖のりの収穫量
日本一！ ※1

★★★
陶磁器製の置物づくり
日本一！ ※2

長崎県
<ruby>長<rt>なが</rt></ruby><ruby>崎<rt>さき</rt></ruby><ruby>県<rt>けん</rt></ruby>

<ruby>外国風<rt>がいこくふう</rt></ruby>のコスチュームで<ruby>決<rt>き</rt></ruby>める<ruby>陽気者<rt>ようきもの</rt></ruby>

チャン・カステーラ

カステラの
あまさは、
<ruby>恋<rt>こい</rt></ruby>のあまさに
<ruby>似<rt>に</rt></ruby>ているのサ。

<ruby>異国<rt>いこく</rt></ruby>のふんいきを
<ruby>持<rt>も</rt></ruby>つヒーローだ。
<ruby>楽<rt>たの</rt></ruby>しいことが
<ruby>大好<rt>だいす</rt></ruby>きで、
<ruby>興奮<rt>こうふん</rt></ruby>すると
ついおどりだして
しまうぞ！

<ruby>長崎<rt>ながさき</rt></ruby>くんち＆<ruby>天主堂<rt>てんしゅどう</rt></ruby>をイメージしたよろい

<ruby>長崎<rt>ながさき</rt></ruby>ちゃんぽん<ruby>形<rt>がた</rt></ruby>のつえ

カステラ<ruby>形<rt>がた</rt></ruby>の<ruby>武器入<rt>ぶきい</rt></ruby>れ

アジ

✏ チャン・カステーラのヒミツ

<ruby>すき<rt></rt></ruby>な<ruby>食<rt>た</rt></ruby>べ<ruby>物<rt>もの</rt></ruby>	<ruby>長崎<rt>ながさき</rt></ruby>ちゃんぽん。<ruby>野菜<rt>やさい</rt></ruby>も<ruby>肉<rt>にく</rt></ruby>もたくさん<ruby>食<rt>た</rt></ruby>べられるので、<ruby>野菜<rt>やさい</rt></ruby>が<ruby>苦手<rt>にがて</rt></ruby>な<ruby>人<rt>ひと</rt></ruby>も<ruby>一度<rt>いちど</rt></ruby><ruby>食<rt>た</rt></ruby>べてみてほしいと<ruby>思<rt>おも</rt></ruby>っている。おやつの<ruby>定番<rt>ていばん</rt></ruby>はカステラだ。
<ruby>趣味<rt>しゅみ</rt></ruby>	<ruby>坂道<rt>さかみち</rt></ruby>ジョギング。<ruby>巨大<rt>きょだい</rt></ruby>な<ruby>船<rt>ふね</rt></ruby>をながめて<ruby>遠<rt>とお</rt></ruby>い<ruby>外国<rt>がいこく</rt></ruby>に<ruby>思<rt>おも</rt></ruby>いをはせること。

<ruby>得意技<rt>とくいわざ</rt></ruby> ちゃんぽんハリケーン（ちゃんぽん<ruby>形<rt>がた</rt></ruby>の<ruby>武器<rt>ぶき</rt></ruby>が<ruby>回転<rt>かいてん</rt></ruby>して、めんが<ruby>相手<rt>あいて</rt></ruby>をからめとる！）

<ruby>友<rt>とも</rt></ruby>だちとライバルは？ どんなことでも<ruby>受<rt>う</rt></ruby>け<ruby>入<rt>い</rt></ruby>れてうまく<ruby>付<rt>つ</rt></ruby>き<ruby>合<rt>あ</rt></ruby>う<ruby>性格<rt>せいかく</rt></ruby>なので、ほかの<ruby>県<rt>けん</rt></ruby>のヒーローとだけでなく、<ruby>外国<rt>がいこく</rt></ruby>とも<ruby>仲<rt>なか</rt></ruby>良しだ。ただし、<ruby>自分<rt>じぶん</rt></ruby>と<ruby>同<rt>おな</rt></ruby>じく<ruby>異国<rt>いこく</rt></ruby>のかおりをただよわせる<ruby>兵庫県<rt>ひょうごけん</rt></ruby>のホワイトジョーや<ruby>神奈川県<rt>かながわけん</rt></ruby>のハマミライに、ひそかなライバル<ruby>心<rt>しん</rt></ruby>を<ruby>持<rt>も</rt></ruby>っているよ。

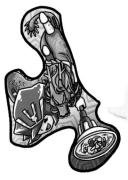

チャン・カステーラの長崎県しょうかい

島が多くて、豊かな自然が魅力の県なのサ。古くから外国との窓口になっていたから、異国情緒にあふれている。漁業や造船業がさかん！

壱岐島

カステラ

長崎ちゃんぽん

肉や野菜がたくさん入っためん料理なのサ。

平戸島

北松浦半島

異国情緒あふれるおどりがとくちょう的だ。

長崎市や佐世保市などでさかんなんだ。

長崎くんち

有明海

周辺が世界ジオパークに認定されている。

造船業

西彼杵半島

大村湾

世

ビワ

現存する日本最古の教会なのサ。

諫早湾

雲仙・普賢岳

大浦天主堂

五島列島

形から軍艦島とよばれているのサ。

世

端島

長崎市

橘湾

島原半島

平和祈念像

原爆の恐ろしさを伝える像なんだ。

長崎県なんでも日本一

★★★	★★★	★★★
アジ類の漁獲量日本一！※1	ビワの収穫量日本一！※2	島の数日本一！※3

※1 2018年 農林水産省「漁業・養殖業生産統計」から　※2 2018年 農林水産省「作物統計」から　※3（海岸線が100m以上の島）1986年 海上保安庁調べ

熊本県
くま　もと　けん

かたい守りが自慢のパワフル戦士

アソバサシン

阿蘇山と熊本城の
形をしたよろいの
守りはかんぺき。

がんこだけれど、
心はとっても
やさしい！

熊本城＆阿蘇山をイメージしたよろいとかぶと

辛子れんこん大砲

スイカ模様の腕カバー

夏ミカン形のグローブ

阿蘇の広さは、
わたしの心の
広さなのだ！

アソバサシンのヒミツ

すきな食べ物

夏ミカン。ご飯のおともには辛子レンコン。伝統的な健康食でくせになる味だって！

趣味

阿蘇山周辺をドライブして回ること。途中にわきでている名水をくんで帰るんだ。

得意技
辛子れんだん（辛子レンコン形の大砲から、辛子のたまがさくれつする！）

友だちとライバルは？

九州の中心は自分だと思っていて、福岡県のドンタックンには対抗心を燃やしている。有名なお城がある大阪府のミスタークイダオレや、愛知県のシャチホコーにもライバル心があるよ。

天草諸島

江戸時代の
島原の乱の
ぶたいだ。

天草諸島

アソバサシンの熊本県しょうかい

温暖な気候で全国でもトップクラスの農業県だぞ！
阿蘇山のカルデラ（火山活動でできた火口付近のくぼ地）は世界最大級なのだ。

世界最大級のカルデラを持つぞ。

阿蘇山

現在は復興の最中なのだ。

熊本城

スイカ

島原湾や八代海などで養殖がさかんだぞ。

辛子レンコン

▲阿蘇山

島原湾

クルマエビ

熊本市

熊本平野

江戸時代につくられた用水路を通す橋だ。

通潤橋

デコポン

トマト

馬刺し

九州山地

八代平野

馬肉のさしみなのだ。

い草

八代海

球磨川

急流の川下りが名物だ。

球磨川

熊本県なんでも日本一

★★★
トマトの収穫量
日本一！ ※1

★★★
スイカの収穫量
日本一！ ※1

★★★
い草の収穫量
日本一！ ※1

※1 2018年 農林水産省「作物統計」から

大分県

奇妙な形の岩がそそり立つ場所だ。

オンセン・ガイ

温泉や地熱のパワーを受けた熱血戦士

温泉の効果で、つかれ知らずのヒーローなんだ。せっかちで行動もしゃべりも早いのが玉にキズ？

温泉に入ればすぐ元気になるぜ！

耶馬溪

筑紫山地

干しシイタケ

日田盆地

筑後川

高崎山のサルをイメージしたよろい

カボス形のヘッドギア

関サバデザインの剣

温泉デザインのたて

オンセン・ガイのヒミツ

すきな食べ物
とり天と手のべだんご汁。どうしても食べたくなってたまらないときがあるらしい。

趣味
さまざまな温泉の泉質や効能について調べること。全国の温泉をめぐって、自分だけの温泉ランキングをつけているよ。

得意技
地獄温泉スプラッシュ（温泉のお湯をさらに地熱の力で熱湯にして攻撃する）

友だちとライバルは？
日本三大温泉といわれる温泉のある兵庫県（有馬温泉）、群馬県（草津温泉）、岐阜県（下呂温泉）のヒーローたちには、かなりのライバル心を持っているよ。

オンセン・ガイの大分県しょうかい

山地の割合が高くて林業がさかんな県だ。
それに火山が多くて温泉が豊富なんだぞ。
だから日本最大の地熱
発電所もあるんだ！

国東半島

日本有数の温泉地だぞ。

別府温泉

風情ある温泉地として人気！

由布院温泉

手のべだんご汁

とり天

別府湾

別府竹細工

●大分市

室町時代から続く伝統工芸品だ。

佐賀関で水あげされるブランド魚だ。

関サバ・関アジ

八丁原地熱発電所

高崎山自然動物園

カボス

高温の蒸気を地中からくみあげてタービンを回して発電するんだ。

野生のサルを近くで観察できるぞ。

九州山地

大分県なんでも日本一

★★★
カボスの収穫量
日本一！ ※1

★★★
干しシイタケの生産量
日本一！ ※2

★★★
1分間にわく温泉の湯の量
日本一！ ※3

※1 2016年 農林水産省「特産果樹生産動態等調査」から　※2 2018年 農林水産省「特用林産物生産統計調査」から　※3 2017年度 環境省「温泉利用状況」から

宮崎県
（みやざきけん）

神話の力と南国ムードを持つ勇者

ナンゴク イワト

日本神話をイメージした戦闘服

キュウリ形のヘッドギア

日本神話風のつえ

マンゴー形のたて

休みの日には高千穂峡で観光案内をしているぞ。性格はわりとのんびり、お人よしなヒーローだ！

あたたかな気候ですごしやすいよ！

✏ ナンゴクイワトのヒミツ

すきな食べ物
チキン南蛮。つかれたときは、キュウリなどを入れた冷たいみそ汁をご飯にかけた冷や汁が最高なんだって。

趣味
日本神話や日本古代の歴史の研究。大昔のかくされたなぞを解き明かそうと、いろんな本を読んで勉強しているんだ。

得意技
ヤタガラスウイング（ヤタガラスが羽をはばたかせて、羽の形の手裏剣を投げる！）

友だちとライバルは？
埼玉県のコフンダーSから古代の歴史を学ぶライバルだと思われている。日本神話でも島根県のゴッドシルバーからライバル視されているぞ。でも、のんびり屋なのでぜんぜん気づいていない。

ナンゴクイワトの宮崎県しょうかい

冬でもあたたかい気候を利用した野菜の早づくりや、畜産業がさかんだよ。日本神話の伝説がたくさん残るロマンチックな県でもあるよ！

九州山地

高千穂峡

日本の神々の伝説の地なんだ。

ビニールハウスなどで野菜を早く育てるよ。

促成栽培

昔の大きなおはかが集まっているよ。

一本釣りでとれる量は日本一なんだ。

西都原古墳群

鹿児島県との県境にある山だよ。

カツオ

霧島山

キュウリ

宮崎平野

大淀川

宮崎市

ピーマン

都城盆地

日向夏

南国ムードがただよう海岸なんだ。

日南海岸

ニワトリ

都井岬にすむ野生の馬だよ。

岬馬

都井岬

宮崎県なんでも日本一

★★★
キュウリの収穫量日本一！ ※1

★★★
肉用若鶏の飼育数日本一！ ※2

※1 2018年 農林水産省「作物統計」から
※2 2019年2月1日現在 農林水産省「畜産統計」から

107

鹿児島県
かごしまけん

最新の宇宙技術も持つ大型戦士

サクラシマゾー

桜島の火山パワーと最新ロケット技術を持つ戦士。照れ屋で正直者だから、おせじを言うのは苦手だ。

ロケットをイメージしたよろいとかぶと

サツマイモ形の剣

桜島形のジェット

屋久杉デザインの服とズボン

📖 サクラシマゾーのヒミツ

すきな食べ物　焼きイモ。昔からおやつはいつも焼きイモで、今でも大好き。おいしい焼きイモがあると聞くと、どこへでも飛んでいくぞ。

趣味　砂風呂に入って昼寝。種子島でロケットの打ち上げを見守ること。

得意技　サツマイモボンバー（サツマイモからつくったガスを出したいきおいで、ロケットのように相手にとっしんする！）

友だちとライバルは？　桜島大根がいちばんと思っていて、練馬大根のとれる東京都にライバル心を燃やすが、シュト・トキオは気にしていない。「ボンタンアメって宮崎だっけ？」といわれると、「鹿児島のもんじゃい！」と怒る。宮崎県のナンゴクイワトは、意味も分からず怒られていいめいわくだ。

千年を超えて生きる屋久杉がありもす。

屋久島
やくしま

サクラシマゾーの鹿児島県しょうかい

全国でもトップクラスの畜産県でごわす。
自然も多くて住みやすい県でごわすが、
ときどき起きる桜島の噴火には
こまっております。

福岡県の博多駅と鹿児島中央駅を結ぶでごわす。

九州新幹線

黒ブタ

オクラ

ソラマメ

桜島

薩摩半島

鹿児島市

桜島大根

サツマイモ

桜島

今もときどき噴火するでごわす。

指宿温泉

大隅半島

砂に体をうめて温まる砂風呂が名物！

奄美大島と徳之島だけにすむウサギ。

アマミノクロウサギ

日本最古の染色織物といわれるでごわす。

奄美大島

喜界島

徳之島

沖永良部島

本場大島紬

種子島宇宙センター

ロケットの打ち上げ施設があるでごわす。

種子島

鹿児島県なんでも日本一

★★★	★★★	★★★
サツマイモの収穫量日本一！※1	オクラの収穫量日本一！※2	豚の飼育数日本一！※3

屋久島

※1 2018年 農林水産省「作物統計」から　※2 2016年 農林水産省「地域特産野菜生産状況」から　※3 2019年2月1日現在 農林水産省「畜産統計」から

沖縄県（おきなわけん）

シーサーに守（まも）られた亜熱帯（あねったい）の戦士（せんし）

ドラゴンシーサー

守（まも）り神（がみ）・シーサーの力（ちから）を身（み）につけた勇者（ゆうしゃ）だ。
美（うつく）しいサンゴしょうの海（うみ）でトレーニングをしている。

ゴーヤ形（がた）の剣（けん）

イリオモテヤマネコのつめ形（がた）の小手（こて）

シーサーをイメージしたよろいとかぶと

守礼門（しゅれいもん）デザインのたて

尖閣諸島（せんかくしょとう）

西表島（いりおもてじま）だけにすんでいるめずらしいネコだ！

ゴーヤは苦（にが）いけどうまいよ！

イリオモテヤマネコ

西表島（いりおもてじま）

石垣島（いしがきじま）

与那国島（よなぐにじま）

波照間島（はてるまじま）

ドラゴンシーサーのヒミツ

すきな食（た）べ物（もの）
沖縄（おきなわ）そばとゴーヤチャンプルー。ゴーヤは苦（にが）い野菜（やさい）だけど体（からだ）にいいんだって！

趣味（しゅみ）
スキューバダイビング。ほかにもいろんなマリンスポーツが好（す）きなんだって。

得意技（とくいわざ）
ゴーヤスパーク（ゴーヤ形（がた）の武器（ぶき）の中（なか）から、いっせいにタネ形（がた）のたまが飛（と）び出（だ）す！）

友（とも）だちとライバルは？
観光客（かんこうきゃく）が多（おお）いのが自慢（じまん）なので、観光客（かんこうきゃく）の多（おお）い東京都（とうきょうと）のシュト・トキオや京都府（きょうとふ）のゴジョウミヤビにライバル心（しん）を燃（も）やしている。でも本当（ほんとう）は自分（じぶん）も東京（とうきょう）や京都（きょうと）の観光（かんこう）が大好（だいす）き！

ドラゴンシーサーの沖縄県しょうかい

美しい海にかこまれた、独特の文化と自然が魅力の県なんだ。アメリカ軍の施設が集中していることが社会的な問題のひとつになっているよ。

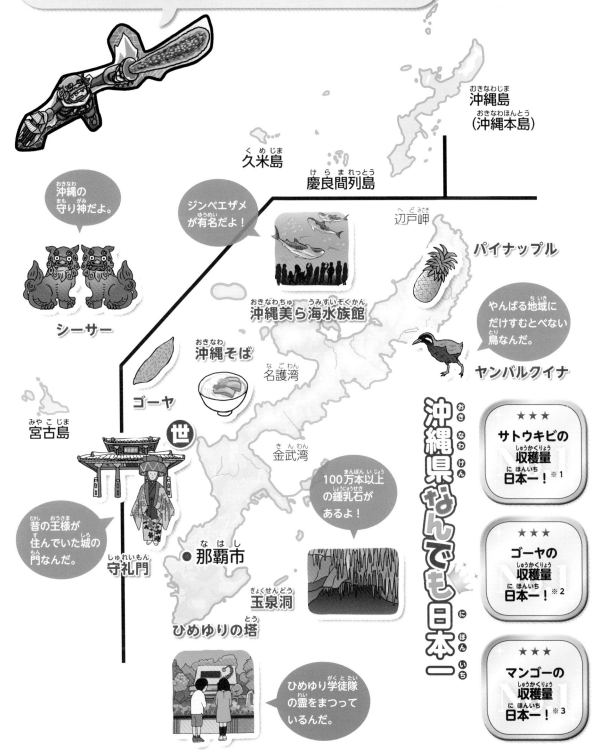

※1 2018年 農林水産省「作物統計」から　※2 2016年 農林水産省「地域特産野菜生産状況」から　※3 2016年 農林水産省「特産果樹生産動態等調査」から

【参考文献】
『朝日ジュニア学習年鑑 別冊　イラストマップとデータでわかる日本の地理』朝日新聞出版
『オールカラー 楽しく覚える！ 都道府県』長谷川康男監修 ナツメ社
『もっと日本が好きになる！ なるほど都道府県 312』篠原靖監修 えほんの杜
『データでみる県勢 2020』公益財団法人矢野恒太記念会編集・発行
総務省統計局ＨＰ／農林水産省ＨＰ／経済産業省ＨＰなど

監修　　　　　　　　　　山口正（筑波大学附属中学校元副校長）
デザイン　　　　　　　　株式会社クラップス（山下武夫、中藤崇）
都道府県キャラクターデザイン　　　　ＡＵＮ 幸池重季
地図作成　　　　　　　　ジェイ・マップ
イラスト　　　　　　　　横山みゆき、山崎詩歩（splanning）、渋沢茉耶、松谷はるか、iStock
写真　　　　　　　　　　朝日新聞社、iStock
校閲　　　　　　　　　　朝日新聞総合サービス出版校閲部（渡部亜紀、川浪史雄、渋谷周平）
編集・執筆　　　　　　　朝日新聞出版 ジュニア編集部（橋田真琴、福井洋平、大宮耕一、中原崇）

にほん　ちり
日本の地理がバッチリわかる！
と どう ふ けん
たたかえ！ 47都道府県ヒーローズ

2020年3月30日　第1刷発行

監修　　山口 正
発行者　橋田真琴
発行所　朝日新聞出版
　　　　〒 104-8011　東京都中央区築地 5-3-2
　　　　電話 (03)5541-8833（編集）
　　　　　　　(03)5540-7793（販売）
印刷所　大日本印刷株式会社